나는 오랫동안 설교자들에게 강단에 올라가 사람들 앞에 서기 전에 다음과 같은 두 가지 간단한 질문을 스스로에게 던져보라고 말해왔다. 나는 청중들에게 무엇을 알려주려고 하는가? 그리고 그들이 무엇을 하기를 원하는가? 이 책에서 저자 앤디 스탠리는 위의 두 가지 질문을 바탕으로 이루어진 커뮤니케이션 전략을 제공하고 있다. 당신이 매주 가르쳐야 할 의무가 있는 담임 목사이든, 혹은 학생들의 마음과 생각을 끌어들일 임무를 맡은 청소년 사역자이든 상관없이 이 책은 반드시 읽어야 할 필독서다.

빌 하이벨스(Bill Hybels), 윌로우크릭 교회 담임 목사

오늘날 수많은 성공적인 설교가들 가운데 내 친구 앤디 스탠리보다 설교에 관해 구석구석 세밀한 부분을 더 잘 가르칠 수 있는 자격을 갖춘 사람은 별로 없을 것이다. 이 책은 성경의 진리를 전달하는 일에 있어서 잘하는 것에서 최고로 잘하는 것으로 나아가기 원하는 모든 이들을 위한 매우 실용적인 내용으로 가득 차 있다.

에드 영(Ed Young), 텍사스 주 그레이프바인에 있는 펠로우십 교회 담임 목사

성공적으로 의사를 전달하기 위해서는 청중과 연결이 되어야 한다. 앤디는 오랫동안 대중과 호흡을 같이해왔고, 그동안의 깨달음을 우리에게 전해주고 있다. 이 책을 통해 당신은 하나님의 사랑이라는 진리를 사람들에게 가르치고, 그 말이 그들에게 어떤 구체적인 의미로 가닿게 하며, 하나님이 원하시는 삶을 살아가는 방법을 보여주기 위해 설교자로서 어떤 커뮤니케이션으로 접근해야 할 것인지를 발견하게 될 것이다.

제프 폭스워디(Jeff Foxworthy), 코미디언

Communicating for a Change

by Andy Stanley & Lane Jones

Originally published in English under the title:
Communicating for a Change by Andy Stanley & Lane Jones
Copyright ©2006 by Andy Stanley and Ronald Lane Jones.
Published by Multnomah Books
a division of Random House, Inc.
12265 Oracle Boulevard, Suite 200
Colorado Springs, Colorado 80921 USA
All rights reserved.

All non-English language rights are contracted through:
Gospel Literature International,
PO Box 4060, Ontario CA 91761-1003, USA

Korean translation copyright © 2006 by Timothy Publishing House
Kwan-Ak P.O.Box 16, Seoul, Korea

최고의 설교자를 만드는

설교코칭

앤디 스탠리_Andy Stanley 지음 | 김창동 옮김

디모데

이 책을 우리의 친구이자 동역자인 줄리 아놀드(Julie Arnold)에게 바친다.
줄리는 청중을 사로잡을 수 있는 분위기를 조성하는 일과
설교자들이 성공할 수 있는 무대를 마련하는 일에 있어서 최고의 실력자다.

contents

감사의 글 … 9

들어가는 글 … 10

1부

고민하는 목사 레이 이야기

1장. 아무도 귀 기울이지 않는다 … 20

2장. 뜻이 있는 곳에 레이가 있다 … 33

3장. 목표를 향하여 … 38

4장. 길이 끝나는 곳 … 45

5장. 기억을 위한 지도 … 54

6장. 출발 전에 짐을 실으라 … 65

7장. 꼭 필요한 연결 … 72

8장. 정체를 밝혀라 … 89

9장. 낯선 곳에 도착해서 … 99

10장. 새로운 마음가짐 … 106

11장. 목표를 정하라 … 116

12장. 핵심을 잡으라 … 130

13장. 지도를 그리라 … 154

14장. 메시지를 내면화하라 … 172

15장. 청중과 호흡을 같이하라 … 189

16장. 자기만의 목소리를 찾으라 … 220

17장. 새롭게 시작하라 … 237

나오는 글 … 251
앤디와의 서면 인터뷰 … 252

감사의 글

대부분의 크리스천들은 자신의 모든 이목이 하나로 집중되고 더 많은 것을 배우고 싶은 목마름을 일깨워준 설교를 처음 들었을 때 누가 그 말씀을 전해주었는지를 기억하기 마련이다. 레인 과 나에게 그 설교자는 같은 사람이 었는데, 바로 우리 아버지셨다. 그 분께 받은 영향이 아니었다면 이 책은 태어나지 못했을 것이다. 또한 우리는 우리의 아내인 트레이시 와 샌드라 에게 감사를 전하고 싶다. 우리가 전한 메시지 가운데 우리가 받을 만한 격려의 말이 없을 때에도 용기를 주는 말로 위로해준 것에 대해 감사한다. 언제나 그랬듯이 멀트노마 출판사의 신실한 동역과 지역 교회를 위한 헌신에 감사드린다. 이 책의 편집자인 브라이언 토마슨 과 데이빗 웹 의 식견과 노고에 감사한다.

나는 설교자로서 소명을 받지 않았다. 나는 그저 자원했을 뿐이다. 나도 내가 설교자로서 소명을 받았구나 하는 느낌을 받고 싶었다. 하지만 그런 일은 일어나지 않았다. 고등학교 때 내 친구 몇 명은 그런 소명을 받았다. 그 친구들은 주일 밤 예배 시간에 앞으로 나가 회중들에게 그런 사실을 알렸다. 모든 사람이 박수를 보냈다. 그들 가운데 몇몇은 아직도 사역을 하고 있지만, 내 기억에 의하면 그 중 한 명은 감옥에 갇혀 있다.

어느 날 오후 나는 아버지와 함께 차를 타고 가고 있었다. 아버지와 아들이 함께 차를 타고 가면 의례 생기는 그 길고 긴 침묵의 끝에 나는 아버지께 물었다. "아버지, 사역을 하려면 반드시 소명을 받아야 하나요? 아니면 자원해서 해도 되나요?"

아버지는 잠시 생각하시더니 이렇게 대답하셨다. "글쎄다, 내 생각에는 자원하는 것도 좋겠구나."

"그렇군요. 저도 자원하고 싶어요." 내가 말했다. 그리고 그렇게 되었다. 사실 내가 설교자가 된 데에는 자원해서 사역했던 두 번의 경험이 있었기에 가능했다.

대학교 2학년 때 학생 교목이신 시드 홉킨스 Sid Hopkins 목사님이 내게 수요일 저녁 학생 성경 공부 모임을 인도하는 것을 도와주지 않겠느냐고 물으셨다. 그때는 아직 그 모임이 결성되기 전이었기 때문에 나는 그 제안이 무슨 의미인지를 잘 몰랐다. 이것저것 알아본 뒤에 시드 목사님이 내가 그 성경 공부 모임을 새로 시작하기 원하신다는 것을 깨달았다. 나는 그때까지 한 번도 다른 사람을 가르치거나 모임을 인도해본 적이 없었다. 나는 내가 가르치게 될 학생들보다 기껏해야 겨우 두 살이 많을 뿐이었다. 하지만 나는 한번 해보기로 동의했다.

내가 너무 어리다는 사실은 또한 어떻게 하면 안 되는지를 알게 해주었다는 점에서 오히려 도움이 되었다. 설교를 해서는 안 되었다. 20–30분 동안 가르치는 것으로는 소용이 없었다. 구절별 성경 공부도 소용이 없었다. 여러 가지 이야기를 들려준 뒤에 하나의 핵심을 잡는 것도 소용이 없었다. 그래서 나는 최대한 간략하게 하기로 방침을 세웠다. 우리 성경 공부 모임이 어느 정도 시간을 가져야 하는지에 대해 이래라저래라 하는 사람이 없었기 때문에 나는 시간을 길게 끌어야 한다는 압박감을 가질 필요가 없었다. 내게는 아무것도 적혀 있지 않은 백지가 주어진 셈이었다.

첫 번째 모임에 20명 정도의 학생이 참석했다. 나는 앞 면에는 성경 구절

한 절이, 뒷면에는 질문 하나가 적힌 엽서 크기의 종이를 나누어주었다. 첫 번째 주에 사용한 구절은 요한복음 17장 4절이었다.

"아버지께서 내게 하라고 주신 일을 내가 이루어 아버지를 이 세상에서 영화롭게 하였사오니."

우리는 영화롭게 한다는 것이 어떤 의미인가에 대해 이야기를 나누었다. 나는 성부 하나님을 영화롭게 하는 것이 그리스도가 이 땅에 오신 최우선의 목적이며 그것이 바로 우리의 목적이 되어야 한다고 설명했다. 그런 다음 엽서를 뒤집어 30초 정도 시간을 주고 다음과 같은 질문에 대한 답을 생각해보라고 했다. "이번 주에 내가 속한 곳에서 하나님 아버지를 어떻게 영화롭게 해드릴 수 있을까?"

그리고 내가 기도하고 모임을 마쳤다. 전체 모임에 걸린 시간은 15분 정도였다. 하나의 핵심, 하나의 질문, 하나의 적용이 전부였다. 참석한 학생들은 모두 깨어 있었고, 전체 순서에 적극적으로 참여했다. 그리고 참석자들은 그 시간에 배운 교훈을 기억할 수 있다. 시드 목사님은 너무 짧지 않았는지 걱정하셨다. 그러나 다음 주에 참석자들이 더 늘었다. 그리고 모임에 참석하는 학생들의 숫자는 계속 늘어갔다. 나는 매주 참석자들에게 성경 구절 한 절과 질문 하나가 적힌 엽서를 나누어주었다. 아무런 음악도, 간식도 없었고, 심지어 음향 시설도 없었다. 그 모임은 설교자로서 내가 처음 가진 경험이었다. 그 모임은 내게 귀중한 교훈을 주었고, 그 교훈은 몇 년 뒤에 다시 한 번 주어졌다.

1981년, 나는 댈러스 신학교에 다니기 위해 텍사스 주 댈러스로 이사했다. 1학기를 마칠 무렵 그 지역에 있는 한 고등학교 교장 선생님이 내게 그 학교 학생들을 위해 채플 시간에 말씀을 전해주면 좋겠다고 요청해오셨다. 나는 승낙했다. 나는 그 시간이 고등학교 학생들을 대상으로 하는 것이기 때문에 성경 가운데 이야기로 되어 있는 부분을 선택해야겠다고 마음먹었다. 그러던 중 나아만과 엘리사에 관한 이야기를 접하게 되었다. 나아만은 아람의 군대장관이었고, 엘리사는… 엘리사가 어떤 사람인지는 당신도 잘 알 것이다. 어쨌든, 나아만은 문둥병에 걸렸고 엘리사는 그를 강물에 들어가게 했다. 나아만은 그 말에 순종했고 고침받았다.

나는 여러 시간에 걸쳐 이 이야기를 집중적으로 연구했다. 나는 신학교 1학년생으로서 내가 가진 신학 지식을 최대한 끌어모았다. 도서관에 가서 아람어도 연구해보고, 여러 장에 걸쳐 메모도 했다. 그리고 이런 내용의 개요를 얻었다. 나아만의 문제, 나아만의 자존심, 나아만의 탄원, 나아만의 증거. 나는 지나칠 정도로 준비했다.

학생들에게 말씀을 전하기로 약속된 전날 밤, 나는 침대 옆에 무릎을 꿇고 기도했다. 그리고 내일 내가 전하는 말씀을 듣게 될 학생들을 위해 먼저 기도하기 시작했다. 그 가운데 내가 개인적으로 알고 있는 사람은 한 사람도 없었다. 나는 그들이 보기에 그 시간은 또 다른 채플 강사가 전하는 일상적인 채플에 지나지 않을 것이라는 사실을 잘 알았다. 기도하는 동안 학생들은 내가 5분 전에 한 이야기도 전혀 기억하지 못하게 될 것이라는 생각이 들었다. 내가 오랜 시간을 들여 준비한 것을 아무도 기억해주지 않을 것이라는 사실… 그건 정말 시간과 열정의 낭비일 뿐이었다.

나는 그 자리에서 일어나 책상으로 가서 그런 일이 일어나게 해서는 안 된다고 결심했다. 나는 미리 준비한 잘 짜맞춘 내용을 버리고 그것을 하나의 개념으로 응축시켰다. 그리고 온갖 노력 끝에 전체 메시지를 담을 수 있는 하나의 문장을 얻을 수 있었다.

다음 날 나는 학생들에게 나아만과 엘리사에 관한 이야기를 들려주었다. 그리고 때로는 하나님이 우리가 이해하지 못하는 일을 하도록 명령하실 때가 있으며, 그것을 온전히 이해할 수 있는 유일한 방법은 그 명령에 순종하는 것이라는 내용으로 결론을 내렸다. 우리 모두는 언젠가 과거를 돌아보며 안도의 한숨을 쉬거나 고통을 느끼게 될 것이다. 그리고 미리 준비한 문장을 들려주었다. "이유를 깨닫기 위해서는 먼저 순종하고 적용하라." 나는 이 말을 여러 차례 반복해서 들려주고 학생들에게 따라하게 했다. 그리고 말씀을 끝냈다.

그날 강단을 내려오면서 나는 청중들과 연결이 되었다는 것을 알았다. 그 순간 내가 깨닫지 못했던 것은 커뮤니케이션에 관한 나의 접근법을 모양지어 줄 무언가를 만났다는 사실이었다.

2년 뒤, 어느 주일 아침에 한 대학생이 내게 다가와 이렇게 말했다. "아, 그때 그 분이군요. 그때 우리 고등학교 채플 시간에 와서 말씀을 전하셨죠?" 그리고 잠시 멈추고 생각을 정리하더니 이렇게 말했다. "이유를 깨닫기 위해서는 먼저 순종하고 적용하라." 그리고 웃으며 말했다. "전 아직도 기억하고 있어요." 그리고 그는 방향을 돌려 다른 곳으로 걸어갔다. 그는 내 이름을 기억하지 못했다. 나도 그 학생의 이름을 알 리가 없었다. 그런 것은 아무 상관이 없었다. 중요한 것은 2년 전 30분 정도 진행된 채플 시간이 전혀 쓸모없는 시간이 아니었다는 사실이다. 간단하면서도 잘 정리된 한 가지 진리가 한 고등학생의 마음에 뚜렷이 새겨진 것이었다.

그 주일 아침은 결정적인 순간이었다. 그 이후로 나는 수많은 개요를 작성하고 수많은 설교를 해오고 있다. 그러나 나의 목표는 그날 밤 나아만 이야기를 붙잡고 씨름하면서 그 원룸에서 보냈던 그 애가 타던 순간과 전혀 달라진 것이 없다. 나는 말씀을 전하기 위해 단에 설 때마다 하나의 진리를 포착하고 그것을 청중들의 가슴에 심어줄 수 있기를 바란다. 나는 그들이 그 한 가지를 알게 되고, 또한 그것을 통해 무엇을 해야 할지를 알게 되기를 바란다.

나는 이제부터 펼치는 내용을 통해 하나의 핵심을 중심으로 이야기 전체를 전개시키는 일과 관련해서 내가 지난 20년 간 배운 모든 것을 전해주려고 한다. 그리고 우리가 함께하는 이 시간이 끝날 때쯤이면 당신에게 무언가 새로운 일을 시작하고자 하는 마음이 생기게 되기를 바란다. 어느 정도의 위험을 무릅쓰고 설교자로서 지금까지 머물렀던 안전지대를 벗어나라.

그 시간을 좀더 재미있게 만드는 데 도움을 주기 위해 내 친한 친구이자 동역자인 레인 존스Lane Jones는 청중에게 의사를 전달하는 기술을 더욱 향상시켜야 할 필요성을 인식하고 있지만, 어디서 도움을 얻을지 알지 못하고 있는 한 목회자를 주인공으로 하는 흥미진진한 우화를 만들어주었다. 레인은 내가 의사를 전달하는 방식을 누구보다 잘 이해하고 있다. 그는 이 책에 제시된 방법으로 수많은 목회자와 교사들을 훈련시켜오고 있다. 그는 나를 자리에 앉혀 놓고 설교와 가르침에 관한 나의 접근 방법에 관해 대화를 시작할 충분한 자격을 갖춘 사람이다.

이 책의 내용은 7개의 '명령'을 중심으로 구성되어 있다. 우리가 이 7개의 명령을 선택한 이유는 하나의 구체적인 개념을 통하여 청중들을 끌어들이고 깨달음을 전해주는 과정에서 그 명령들이 가장 중요한 것이라고 믿기 때문이다. 모든 설교는 청중들을 어딘가로 인도해야 한다. 우리는 이 7가지 명령이 그 여정에서 반드시 필요한 것이라고 확신한다.

우리는 이 책 전체를 통해 설교sermons, 이야기talks, 가르침teachings 그리고 메시지messages 란 말을 서로 호환되게 사용할 것이다. 또한 선포preaching, 가르침teaching 혹은 일반적인 의사 전달general communicating 등을 서로 구별하지 않는다. 우리가 지향하는 목적에 따르면 이들은 모두 동일하다. 이 7가지 명령은 어느 형태로든 3가지 훈련에 모두 적용된다.

이 책을 읽다보면 이런 생각이 들 수도 있다. '이건 앤디 스탠리라는 사람의 전달 방식이 아닌가? 나는 나만의 방식이 필요하지 않을까? 이건 분명 모든 사람에게 적용되는 게 아니야.' 이 문제는 16장에서 구체적이고 상세하게 다루고 있다.

마지막으로 한 가지 명심할 것이 있다. 당신은 내가 주일 오전 시간에 빈 칸을 채우는 식의 방식을 선호하는 사람이 아니라는 사실을 금방 알게 될 것이다. 그러나 나도 세미나나 리더십 훈련 과정에서 말씀을 전할 때는 빈칸 채우기가 들어 있는 유인물을 늘 사용하곤 한다. 그래서 어떤 이는 내가 가르치는 것과 실제로 행하는 것 사이에 괴리가 있는 것은 아닌지 의아해할 수도 있지만 그렇지 않다.

1장에서 발견하겠지만, 설교자가 의사 전달 과정에 접근하는 방법은 반드시 그가 지향하고 있는 목표를 뒷받침하는 것이어야 한다. 내가 주일 아침 시간에 갖는 목표는 다른 훈련 시간에 갖는 목표와 매우 다르다. 그래서 나는 상황에 맞게 접근 방법을 조정한다. 세미나를 할 때의 목표는 삶의 변화가 아닌 경우가 보통이다. 그런 경우의 목표는 정보의 전달이다. 개요는 설교자에게 보다 짧은 시간에 더 많은 내용을 다룰 수 있게 해준다. 설교와 관련해서 개요가 적을수록 더 많은 내용이 포함된다.

나는 당신이 이 책을 흥미 있게 읽기를 바란다. 적어도 이 책은 나의 세계를 어렴풋이나마 보여준다. 그 세계는 매일매일이 주일처럼 보이고, 나는 무언가 중요한 말을 하기로 예정되어 있는 세계다. 기대치는 현실과 동떨어져 있고, 압박감은 좀처럼 사라지지 않는다. 그러나 나는 그와 다른 일을 하는 내 인생을 상상할 수 없다. 그리고 당신이 이러한 주제를 다루고 있는 이 책을 읽으려고 선택했다는 사실로 미루어볼 때 당신도 나와 같은 느낌을 갖고 있을 것이라 조심스레 추측해본다.

1부. 고민하는 목사 레이 이야기

Communicating for a Chance

1장. 아무도 귀 기울이지 않는다

2장. 뜻이 있는 곳에 레이가 있다

3장. 목표를 향하여

4장. 길이 끝나는 곳

5장. 기억을 위한 지도

6장. 출발 전에 짐을 실으라

7장. 꼭 필요한 연결

8장. 정체를 밝혀라

9장. 낯선 곳에 도착해서

10장. 새로운 마음가짐

아무도
귀 기울이지
않는다

그런 모습은 그가 이미 예전에 다 보았던 것들이다. 심지어 꿈 속에서도.

공허하면서도 먼 곳을 바라보는 시선은 그가 그들과 서로 통하고 있지 않다는 것을 말해주었다. 또다시 말이다.

레이 마틴 Ray Martin 목사는 메시지를 계속 선포하고 있었지만, 그 와중에서도 그의 머릿속으로는 익숙한 장면이 재현되고 있었다.

저기 존 필립 씨가 앉아 있군. 내일 아침 주식 시장이 개장하면 어느 것을 팔아치울지 고르면서 말야. 그 옆에는 그의 아내가 남편을 차버릴지 말지를 고민하며 앉아 있군. 그리고 샐리 케네디 여사는 지정석처럼 되어버린 뒤에서 두 번째 줄에 앉아 있군. 그 자리는 누가 오고 오지 않았는지를 한눈에 알아볼 수 있는 최적의 장소지. 그리고 그 옆에는 노마 리드 여사가 누가 왜 오지 않았는지에 대한 이유를 언제라도 들려줄 준비를 갖추고 앉아 있어.

그가 하나님의 말씀이 21세기에도 여전히 살아 역사하시도록 최선의 노력을 기울이는 동안 그들은 모두 그 앞에 모여 앉아 그의 말에 귀를 기울이고, 아니 최소한 귀를 기울이는 척하며 앉아 있었다.

그들의 산만함은 레이 마틴 목사를 산만하게 만들기 시작했다. 그는 이래서 옛날의 근본주의자 설교자들이 말씀을 선포하면서 고함을 지르고 강대상을 두들긴 것은 아닌가 생각했다. 회중들의 관심을 계속 집중시키는 것은 쉬운 일이 아니었다.

그는 당장에 설교 노트를 집어들고 단상에서 걸어나가버리고 싶은 갑작스러운 충동을 느꼈다. 그렇게 한 사람이 있었던가? 설교를 중단하고 뒷문으로 나가버린다? 아무도 알아채지 못하는 것은 아닐까?

'벽만 쳐다봐.' 그는 자신에게 말했다. 그건 그가 신학교 교수에게서 배운 오래된 비법이었다. 한 시간만 잘 넘겨. 그럼 다음 주가 될 거야. 아마 그들도 마찬가지일 테지.

그날 저녁 차를 타고 집으로 돌아오면서 그는 오전 예배를 마치고 문 앞에서 성도들과 악수를 하면서 주고받은 덕담을 떠올렸다.

"훌륭한 설교였어요, 목사님."

"너무 은혜로웠어요, 목사님."

"목사님 설교 중 최고였어요."

마지막 말이 가장 통렬했다. 왜냐하면 비교의 대상이 한정되어 있지 않았기 때문이다. 그건 마치 아내에게 그날 머리가 가장 예뻐 보인다고 말하는 것과 같은 것이다.

그는 그들 모두에게 설교를 통해 배운 게 하나라도 있는지 물어보고 싶었다. 그러나 그것이 바람직한 질문인지 확신이 서지 않았다. 자신이 그 질문에 대답할 수 없다면 그들이 어떻게 대답할 수 있겠는가?

그의 아내 샐리 Salley는 가족의 주일 오후 의식에 따라 문 앞에서 그를 맞아주었다. 그들은 레이가 10년 전 이곳 메도우랜드 Meadowland 교회에 부임한 이후 항상 그 의식을 해왔다. 레이는 종종 설교에 대한 의견을 기대하곤 했지만 최근에는 아니었다.

"교인들의 반응이 어땠어요?" 아내가 자기 의견을 빼놓은 채 물었다.

"잘 모르겠어." 그는 거짓말을 했다. "당신이 보기엔 어땠는데?"

"괜찮았어요."

당신의 아내나 당신을 가장 응원하는 사람이 할 수 있는 말이 오직 "괜찮았어요" 하나일 때 당신은 그 시간이 당신의 생각보다 별로였다는 것을 짐작할 수 있을 것이다. 레이는 소파 깊숙이 몸을 눕혔다. "난 잘 모르겠어, 여보. 내가 더 이상 어떻게 하면 좋을지 모르겠다구. 이런 말 하는 게 너무 싫지만, 주일 아침은 그저 의무적으로 30분을 보내는 것만 같아. 그 30분 때문에 이번 주 설교가 끝나고 1시간이 지나면 다음 주 걱정이 시작되고 말아요."

"너무 걱정하지 말아요, 여보. 그렇게 심각하지 않아요. 당신 설교는 괜찮아요. 그리고 말씀을 잘 전하고 있어요."

"여보, 만일 당신이 일주일 내내 나를 위해 음식을 준비했는데, 내가 그 음식에 대해 그저 괜찮았다고 말하고 그런 음식을 전달해주니 고맙다고만 말한다면, 난 며칠이나 침대가 아니라 여기 소파에서 잠을 자야 될까?"

"아, 정곡을 찔렀네요." 그녀가 말했다.

레이는 아내가 무슨 말을 하려고 하는지 알았다. 그녀는 괜찮았다고 말했지만 괜찮은 것으로는 충분하지 않았다.

"분명 이 문제에 대한 간단한 해결 방법이 있을 거야." 그가 결국 아내에게 말했다. "내가 그걸 지나치고 있거나, 아니면 내가 전에 한 번도 들어보지 못했던 그런 방법 말야."

"그 야구 친구를 한번 만나보지 그래요?" 아내가 물었다.

"야구 친구라니, 누구?"

"당신이 교회에서 새로운 일을 벌이도록 흥분시켰던 그 부자 친구 말이에요."

피트 할란 Pete Harlan 을 말하는 것이었다. 6개월 전쯤에 레이는 동네에 있는 메이저리그 경기장의 구단주 좌석에서 기억에 남을 만한 저녁 시간을 보냈다. 그 당시 교회 일이 복잡해져가자 한 친구가 레이를 위해 피트와의 만남을 주선해준 것이었다. 피트는 성공한 사업가로 레이에게 그가 사업을 성공적으로 이끌어올 수 있었던 7가지 습관을 전해주었다. 그 7가지 습관을 레이와 당회원들이 채택하여 만족할 만한 성과를 거두었다.

"그 사람이 설교에 대해 뭘 알겠어?"

"나도 당신에게 교회 행정에 대해 그렇게 물었었어요. 하지만 당신은 보란 듯이 모든 것을 변화시켰어요. 내 생각에 만일 그 사람이 조직과 관련된 일을 그렇게 잘 알고 있으면 이 문제와 관련해서도 당신을 구해줄 수 있을지 몰라요."

"나를 무엇으로부터 구해낼 필요가 없어요. 그리고 솔직히 피트가 나를 도와줄 수 있을 거라고 생각되지도 않고!"

"그럼, 당신은 잃을 게 하나도 없다는 말이네요, 그런가요?" 그녀가 조용히 대답했다.

"그 사람 전화 번호가 어떻게 되는지도 모른단 말이오." 레이는 누군가에게 전화하고 싶은 생각이 눈꼽만큼도 없었다.

"그 번호라는 게 당신이 그날 밤 처음 시구하던 모습을 찍은 사진틀 구석에 적혀 있는 그 번호 말하는 거가요? 장식장 위에 놓여 있는 그 번호는 눈에 쉽게 띄는 거라서 우리 집에 오는 사람이면 누구나 볼 수 있는 거잖아요? 그게 당신이 말한 그 번호죠?" 샐리는 기분이 좋지 않은 남편을 더 기분 나쁘게 만들고 싶지 않았다.

레이에게는 자신이 왜 그녀를 그렇게 사랑하는지 알 수 없었던 때도 있었다. 그러나 지금은 그런 상황이 아니었다. 그는 자신에게 조언이 필요하며 피트가 정말로 지혜로운 사람이라는 것을 잘 알았다.

"그래, 그 분은 자기가 할 수 있는 일이라면 언제든 전화하라고 말하긴 했지." 레이가 말했다. "내일 전화하지 뭐." 교회 일을 마치고 온 지 한 시간이 되었고, 이제 두려움이 시작될 때가 되었다는 것을 레이는 잘 알았다.

레이가 아내와 자주 들렀던 시내의 멕시코 식당인 라 프론테라로 향하던 월요일 아침 교통길은 한산했다. 그 식당은 음식이 맛있는데다 가격까지 저렴했는데, 그 저렴한 가격은 피트 할란에게 좋은 선택이 되었다.

레이는 자신도 모르게 미소를 지었다. 그 지역에서 가장 부자 가운데 한 사람인 피트가 레이와 점심을 함께하기 위해 레이가 자주 이용하는 장소를 선택한 것이다. 그가 그렇게 많은 돈을 벌고, 또한 그것을 유지하는 데에는 분명 어떤 이유가 있을 거라고 레이는 속으로 중얼거렸다.

그는 주차장으로 들어가 번쩍이는 하얀색 벤츠 옆에 차를 세웠다. 그 차의 화려하게 장식된 번호판은 피트 할란의 것임을 말해주고 있었다. 그는 자동차를 구매하는 데 있어서 절약 정신을 실천할 필요가 없었다.

피트 할란은 자리에 앉아 레이가 다가오는 것을 보며 미소를 지었다. 레이는 처음 피트를 보았던 날을 기억했다. 지역 사회에서 차지하고 있는 위치와 너무도 상반돼 보이는 작은 키의 중년 남자인 피트는 감자칩과 샐러드를 가져가기 위해 줄을 서 있는 사람들과 조금도 달라 보이지 않았다.

"레이! 다시 만나게 되어 반갑네." 피트는 환한 미소를 지으며 진심으로 반갑게 맞이해주었다.

"너무 늦게 연락을 드렸는데도 만나주셔서 감사합니다."

"무슨 소리야. 요즘은 일이 순조롭게 진행되고 있어서 시간이 많이 나는 편이네."

"혼자 알아서 굴러가는 조직이라니… 어쨌든 멋지네요." 레이는 이런 말을 하는 와중에서도 본능적으로 피트의 반응이 어떠하리라는 것을 알았다.

"무슨. 레이, 자네도 내가 알려준 7가지 습관을 열심히 수행하면 내 나이가 됐을 때쯤 자네에게도 많은 시간이 주어질 것이네."

그리고 레이는 한 시간 가까이 그곳에서 브리토 그란데를 먹으며, 메도우랜드에서 보낸 피트의 최근 삶에 대한 이야기와 그가 이룬 변화들을 들었다. 그리고 마침내 레이가 그날 만난 이유를 모두 털어놓았다. 그는 자신이 무언가를 위해 최선을 다해 열심히 일했지만 결국 또다시 실패하고 느꼈던 좌절감을 고백했다.

"난 자네가 실패했다고 말하지 않겠네, 레이." 피트가 말했다. "자네의 설교는 내가 들어본 다른 설교들만큼 나쁘지 않았네."

씁쓸한 미소가 레이의 얼굴에 스쳐지나갔다. "그렇게 말씀하시니 위로가 됩니다. 제가 피트 할란 씨가 만난 설교자들 가운데 나쁜 편에 속하지 않았군요. 그런데 잠깐만요. 제 설교를 들어보신 적이 있던가요?"

"아, 누군가의 도움을 받았다네." 피트는 흰 이를 드러내며 말했다. "조^{Joe}라는 사람과 알고 지내는데 그에게 자네가 설교한 테이프를 몇 개 달라고 부탁했지." 조 디킨슨 ^{Joe Dickinson}은 두 사람을 모두 잘 알고 있어서 피트를 레이에게 소개해준 사람이었다. "나는 조에게 내가 투자한 것을 잘 살펴봐야 한다고 말했지."

피트는 6개월 전 레이에게 저녁을 사주면서 얼마 안 되는 짧은 시간에 인생의 지혜를 전해주었었다. 부동산 수익으로 몇백만 달러를 벌어들이는 것도 좋은 일이군, 레이는 생각했었다.

"그 설교 테이프는 정말 좋은 아이디어였다네. 만일 내가 좀더 어렸을 때 그런 테이프를 들었다면 교회 일에 열심을 냈을 텐데. 아니면 더 많은 교회가 내게 관심을 가졌다면 말야. 자네도 운전할 시간이 생기면 그리고 그 시간을 의미 있게 보내려면 차 안에서 들어볼 수 있을 걸세. 그리고 난 무슨 뜻인지 잘 모를 때에는 뒤로 되돌리면 된다는 점이 마음에 든다네. 그건 현장에서 설교를 들을 때는 불가능한 일이거든."

피트는 아이스티를 한 모금 마시더니 레이의 눈을 똑바로 쳐다보았다. "자네는 자기 설교를 들으면 어떤 기분이 드는가?"

"그걸 들을 때요? 전 그 테이프를 보고 싶지도 않아요. 그러니 듣는 건 말할 것도 없겠죠."

"성공 습관 7번." 피트가 단호한 어조로 말했다.

성공 습관 7번이라… 레이는 그것이 무엇인지 잘 알고 있었는데도 마치 현장에서 들킨 사람처럼 쩔쩔맸다. "착수하라. 성공 습관 7번은 그것을 내 일에 단순히 포함시키는 것이 아니라 그것을 자기 것으로 삼으라는 것이죠. 저도 알고 있어요. 하지만 이건 그것과 다른 문제예요. 이건… 정말 고통스러운 일이에요."

"자네 교인들은 어떻게 느낄지 상상해보게." 그가 눈을 반짝이며 말했다.

"고맙군요."

"농담은 그만하게, 레이. 세상에 자기 말에도 귀 기울이지 않으면서 어떻게 다른 사람이 자기 말에 귀 기울일 것이라 기대할 수 있는가? 어디가 고장인지 알지 못하면 고장난 부분을 고칠 수 없는 거라네. 제 1단계는 먼저 자기 말에 귀를 기울이는 것부터 시작해야 한다는 것일세."

"좋아요. 당신이 옳아요. 1단계, 자기 목소리에 귀를 기울여라. 설령 아무리 고통스럽다 하더라도. 그럼 2단계는 무엇인가요?"

"나도 모르네." 피트는 조용히 앉아 있었다.

잠시 후 레이가 침묵을 깼다. "모르겠다니 무슨 뜻이죠? 모든 문제에 해답을 갖고 계시잖아요. 완벽한 설교를 위한 9가지 습관 같은 건 없는 건가요?"

"없네. 하지만 그런 이름도 쓸 만하군. 아마 자네가 그것을 시도해야 할 걸세. 도움이 될 거야."

피트는 레이가 실망했다는 것을 알 수 있었다. "레이, 자네가 기대했던 것은 무엇인가? 난 장사꾼이지 설교자가 아닐세. 자네는 내가 마법의 지팡이를 흔들어 자네를 윌리 그레이엄^{Willy Graham} 으로 변화시켜줄 거라고 생각했는가?"

"빌리^{Billy} 에요."

"뭐라고?"

"그 사람 이름은 빌리 그레이엄^{Billy Graham} 이라구요. 방금 윌리라고 말했잖아요."

"빌리 그레이엄이 누군지는 나도 아네. 그리고 내가 말한 것은 윌리 그레이엄이야. 빌리 그레이엄도 좋지만, 그는 윌리 그레이엄이 아닐세."

그 순간 레이는 화가 나기도 하고 혼란스럽기도 했는데, 어느 쪽인지 자기도 알 수 없었다. "윌리 그레이엄이 누구죠?"

"윌리는 내가 아는 설교자들 가운데 최고지. 내가 알고 있는 한 현존 인물 가운데 그보다 더 뛰어난 사람은 없어."

"그러니까 그 윌리 그레이엄이라는 사람이 빌리 그레이엄보다 더 뛰어난 설교가라구요?"

"글쎄, 윌리가 그렇게 말한 적은 없지. 그건 내 생각이야. 윌리는 전국 방방곡곡에 설교를 하러 다녔고, 나도 여러 차례 참석하곤 했었지. 실제로 난 윌리가 온다는 것을 알면 얼마든지 자기 스케줄을 변경하려는 사람들을 여럿 알고 있다네."

레이는 믿기지 않았다. "그래서 그 사람이 그렇게 특별한 이유가 무엇인가요?"

"말로 하기는 어렵네. 나는 그저 그가 설교를 마칠 때면 마치 내게 개인적으로 이야기를 들려주는 것처럼 느꼈다고 생각하네. 그리고 설교를 다 듣고 밖으로 나올 때는 언제나 무언가 도움을 받았다네. 그가 말한 대로 항상 실천한 것은 아니지만, 그건 내게 문제가 있는 것이지 윌리에게 문제가 있는 것은 아니었지."

"그 사람의 비결이 뭔지 꼭 알고 싶군요." 레이는 자신의 목소리가 날카로워지는 것을 막을 수 없었다. "제가 마지막으로 누군가를 도와준 적이 언제였는지 잘 모르겠군요. 제가 보기에, 그렇게 효과가 좋은 것이라면 당신도 얼마든지 해줄 수 있을 것 같은데요."

"아, 그 소리를 들으니 반갑군, 레이."

"왜죠?" 레이는 약간 미심쩍은 마음이 들었다. 그는 피트의 눈에 어린 표정이 마음에 들지 않았다.

"윌리는 자네를 만나는 데 동의했고, 자네는 점심 먹고 곧바로 출발하면 된다네."

"뭐라구요?" 레이는 이 일을 해결해야 했다. "아, 좋아요. 그게 도움이 될 것 같네요. 그 사람을 어디서 만나죠? 그가 이리로 오고 있나요?"

피트가 한쪽 눈썹을 찌푸렸다. "아니, 그렇지 않아."

"당신을 잘 모르겠지만, 당신의 그런 표정을 보니 마음이 불편하군요. 그럼 정확히 어디서 윌리를 만나는 건가요?"

"애틀랜타."

"애틀랜타? 그곳은 조지아 주에 있어요."

"사람들이 그러더군."

"그곳은 자그마치 1,600킬로미터나 떨어져 있다구요."

"그럼 자네는 바로 출발하는 게 좋겠군." 피트가 점심값을 계산하면서 말했다. "자네 아내의 이름이 샐리 맞는가?"

레이가 고개를 끄덕였다.

"내가 오늘 아침에 샐리에게 전화를 걸었고 그녀가 자네를 위해 가방을 챙겨주었다네. 그리고 조에게는 자네가 얼마 동안 출타하게 될 거라고 교회에 전하게 했지. 그는 당회원들이 궁금해하겠지만 잘 대처할 테니 걱정하지 말라고 말했네. 결국 그 사람들은 자네에게 시간을 준 것을 기뻐하게 될 걸세."

레이의 머리가 빠르게 돌아갔다. 샐리와 조가 이 음모에 개입되어 있다고? 장로들이 의문을 품을 것이고, 자신은 자리에서 일어나 출발해야 한다고? 이건 멈추어야 해. "잠시만요, 제게 점심을 사주신 것치고는 너무 심한 것 아닌가요?"

"정말인가? 나는 자네가 그런 일을 위해서라면 마다할 일이 없다고 말한 것으로 기억하는데."

"저도 알아요. 하지만 애틀랜타는 자동차로 14시간 걸리는 곳이고, 전 사무실에서 해야 할 일도 있어요. 이번 주일 설교 준비는 말할 것도 없구요."

"자네가 왜 내게 전화를 했는지 다시 한 번 생각해보게, 레이. 그리고 자네가 도움을 받고 싶은 일이 무엇인가?"

"알아요. 하지만…" 레이는 이의를 제기하기 시작했지만 피트는 그것을 무시했다.

"안 된다는 말은 말게. 자네는 내게 도와달라고 요청했고 이것이 내 도움일세. 받아들이거나 아니면 버리게."

피트 할란이 어떻게 재산을 모았는지는 쉽게 알 수 있었다.

레이는 그 자리에 앉아 어떻게 하면 좋을지 막막했다. 정말 부질없는 짓 같아 보였다. 미국 땅 절반을 날아가 윌리 그레이엄이라는 이름을 가진 사람을 만난다니. 어처구니가 없군! 빌리 그레이엄이라면 또 모를까, 윌리라니? 레이가 뒤이어 한 말은 그가 평상심에 의지하기보다는 절망에 처해 있다는 것을 단적으로 보여주는 것이었다.

"애틀랜타 어디죠?"

"그건 자네가 걱정할 일이 아닐세. 자네는 그저 이 주소로 가기만 하면 되네. 그럼 나머지는 내가 알아서 할 테니까."

레이는 피트가 알려준 방향대로 찾아가 할란 주식회사에 도착했다.

"레이 마틴 목사님이신가요?" 레이가 문을 열고 들어서자 한 여자가 물었다. "30분 전부터 기다리고 있었습니다."

"도로 사정이…" 레이가 머뭇거리며 대답했다.

"걱정 마세요. 시간 안에 충분히 도착할 수 있을 테니까요. 이 복도를 따라 죽 가시다 계단을 내려가 문 밖으로 나가세요. 헬리콥터가 기다리고 있을 거예요."

"헬리콥터요?"

2장

뜻이 있는 곳에 레이가 있다

애틀랜타 북부의 피치트리 디캘브 공항^{Peachtree Dekalb Airport} 밖에서는 리무진 한 대가 기다리고 있었다. 레이는 이번이 헬리콥터를 처음 타보는 것이었는데, 피트의 회사 비행기인 미끈한 걸프스트림 4호^{Gulfstream IV} 도 마찬가지였다. 어떤 형태로든 레이가 개인 전용기를 타본 것은 처음이었다. 그는 비로소 왜 부자들과 유명 인사들이 누리는 마지막 장난감이 개인 전용기인 줄을 이해하게 되었다. 레이가 멕시코 음식점을 나선 지 3시간 반 후에 고급 승용차에 몸을 싣고 애틀랜타 교외의 중산층이 살고 있는 피치트리 코너즈^{Peachtree Corners} 의 구불구불한 거리를 지나고 있었다.

호화스러운 리무진에 흠뻑 빠진 레이는 윌리 그레이엄이라는 사람에 대해 어떤 기억이 있는지 찾아보았다. 레이는 사람들에게서 '통한다'고 말할 수 있는 그런 사람은 아니지만 대부분의 유명 설교가들은 잘 알고 있었다. 애틀랜타에는 몇몇 성공한 대형 교회가 있는 것으로 알고 있지만, 윌리 − 윌리엄의

약자인가 – 그레이엄이란 이름은 아직도 떠오르지 않았다. 잠시 후 리무진은 잘 가꾸어진 정원들이 있는 중형 저택 단지에 도착했다. 레이는 정원에 심겨진 배나무의 크기를 미루어 그 집이 대략 15년 정도 되었을 거라 생각했다. 차는 천천히 2층으로 된 근사한 벽돌집의 진입로에 들어섰다. 집 앞 계단에 한 남자가 서 있었다.

"당신이 레이군." 그 남자가 손을 내밀며 말했다. "나는 윌 그레이엄 ^{Will} ^{Graham} 이네."

"윌리라고 알고 있었는데요." 레이가 손을 내밀며 악수를 청했다.

윌이 웃었다. "피트란 친구 대단하지, 그렇지 않은가? 그 친구는 나를 윌리 그레이엄이라고 부르는 것을 재미있어한다네. 왜냐하면 그가 알고 있는 설교가는 빌리 그레이엄밖에 없거든. 자네는 그냥 윌이라고 불러도 되네. 그런데 애틀랜타까지 무슨 일로 온 건가?"

레이는 이게 이치에 맞는 질문인지 아닌지 알 수 없었다. 분명 피트는 이 남자에게 자신이 왜 35살이나 먹은 낯선 사람을 그의 집으로 보냈는지 미리 말했을 것이다. "그러니까, 피트는 당신이 저를 도와줄 수 있을 거라고 생각한 것 같아요."

"하지만 자네는 그렇게 생각하지 않고 있군."

레이는 아무 말도 하지 않았다.

"좋아, 레이. 만일 자네가 나에 대해 고민하지 않았다면 내가 자네에 대해 고민했을 거네."

월은 태평한 기운이 느껴지는 사귐성이 좋은 사람이었다. 레이가 걱정할 만한 이유는 딱히 없었다.

"제가 걱정해야 할 무슨 이유라도 있나요, 월?"

"아니, 그런 건 아니고. 단지 자네 정도의 위치에 있는 사람이 나와 같은 배경을 가진 사람에 대해 의심한다고 해서 그걸 탓하지 않는다는 거지." 월이 대답했다.

"그것보다 당신이 누구인지 생각해봤는데요, 당신이 맡고 있는 교회가 어디인지 좀체 생각이 나지 않더군요." 레이가 말했다.

"내가 맡고 있는 뭐라고?"

"피트는 당신이 무슨 교회를 담임하고 있는지, 아니 지금 은퇴했다면 담임 목회를 했었는지 말해주지 않았거든요." 레이가 계속 말을 이어갔다.

"대체 피트가 나에 대해 뭐라고 말한 건가?"

"당신이 자기가 만난 설교자들 가운데 최고였다는 것과, 당신이 전국 방방곡곡을 다니며 말씀을 전한다는 것과, 제가 좋은 설교자가 될 수 있도록 도와줄 수 있는 사람은 바로 당신뿐이라고 말했어요. 또 알아야 할 게 있나요?"

월이 웃음을 터트렸고 레이는 그 웃음에 미소를 지으면서 동시에 걱정이 들었다. "레이, 자네가 잘못된 정보로 이곳에 온 것이 유감이네."

"당신은 윌리 그레이엄이 아니고, 설교자가 아니란 말인가요?"

"글쎄, 난 월 그레이엄이고, 내 직업은 설교자가 아닐세. 난 38년 동안 할란 정유회사를 위해 바퀴 18개가 달린 탱크 로리를 운전했다네."

"당신이 트럭 운전사라구요?" 레이는 얼굴이 약간 하얘지는 것을 느꼈다. "하지만 피트는 당신의 말을 들으려고 전세계에서 사람들이 몰려온다고 하던데요."

"글쎄, 그건 맞는 말이긴 하네. 설교에 관해서, 혹은 인생에 관해서 내가 알고 있는 대부분은 트럭을 운전하면서 배운 거라네. 매주일 길에서 운전을 하고 있을 때면 나는 그 동네의 트럭 휴게소나 식당에서 예배를 드리지. 따르는 사람도 제법 많은 편이고. 피트도 그 지역에 있으면 언제나 들른다네. 그가 내게 들은 것을 그리 많이 적용하고 있는 것같지는 않지만 진리를 듣는다는 것은 분명하네."

레이는 할 말을 잃었다. 1,600킬로미터를 날아와서 겨우 트럭 운전사에게 설교하는 것을 배워야 한다고?

"무슨 말을 하면 좋을지 모르겠네요." 레이는 겨우 입을 뗐다. "당신이 전국을 돌아다니며 말씀을 전한다는 말이 그런 의미였군요."

"그렇지. 그런데 레이 자네 실망한 것 같군." 윌이 말했다. "피트는 자네가 나랑 함께 시간을 보내면 뭔가를 얻을 거라고 생각한 게 분명해. 하지만 만일 자네가 다시 생각해본다면…."

"그게 아니라… 아니, 그래 맞아요. 그러니까… 당신은 트럭 운전사란 말이죠, 세상에!" 레이의 실망감이 터져나왔다.

"그렇게 실망한다고 해서 뭐라고 그러진 않겠네. 그렇지만 자네는 지금 이곳에 와 있고, 피트의 비행기는 내일이나 자네를 태우러 다시 올 거네. 그러니 이 순간을 잘 활용해보는 게 어떻겠나?"

"이 순간을 잘 활용해보자구요?" 레이가 비꼬듯이 물었다. "그러니까 더 좋아질 수 있다는 말인가요? 전 트럭 운전사에게 커뮤니케이션에 대해 배우려고 미국을 반이나 넘게 날아왔고, 당신은 지금보다 더 나아질 수 있다고 말하고 있는 게 맞나요?"

"레이, 자네는 왜 여기에 있는가? 왜 자네는 미국을 반이나 가로질러 날아온 거지? 그것은 내가 어떤 사람인가 혹은 어떤 사람이 아닌가와는 아무 상관이 없는 거라네. 자네는 스스로에게 그 이유를 물어봐야 하네." 이 말을 마치고 그 노인은 자기 집 모퉁이를 돌아 시야에서 사라졌다.

3장

목표를
향하여

레이는 월이 다시 나타날 때까지 몇 분을 기다렸다. 그러나 그가 다시 돌아오지 않을 거란 사실은 금새 분명해졌다. 레이는 집 모퉁이를 돌아 뒤뜰로 가면서 낯선 느낌을 받았다. 앞뜰은 사람들이 통행할 수 있었다. 그곳은 바깥 세계와 연결되는 로비였다. 그러나 뒤뜰은 달랐다. 레이는 자신이 마치 서랍과 방문을 열어 월의 집을 훔쳐보기라도 하는 것 같은 기분이 들었다. 하지만 그는 내게 다른 선택의 여지를 남겨두지 않아, 레이는 생각했다. 레이는 뒤쪽 창문을 통해 월이 어떤 표시라도 보낼지 살펴보았다. 이제 그는 정말로 안을 기웃거리고 있었다. 도대체 어떻게 해야 하지? 이곳은 처음이고 여기가 어디인지도 모르는데 말야.

"나를 찾고 있소?" 월의 목소리에 레이는 깜짝 놀라며 얼른 뒤로 돌았다. 월은 커다란 참나무가 드리운 그늘 아래에 놓인 낡은 애디론댁^{Adirondack} 의자에 앉아 있었다.

"당신이 돌아올지 몰라서요." 레이가 더듬으며 말했다.

"돌아온다고? 난 아무데도 가지 않았네."

레이는 자신이 좀 전에 보인 반응으로 월을 화나게 한 것은 아닌지 궁금했다. 그렇다고 그가 월을 탓하려는 것은 아니다. 레이는 월의 건너편에 놓인 의자에 앉고는 여행 가방을 바닥에 내려놓았다. 마당은 시원하고 조용했다. "그래서, 우리 이제부터 뭘 하는 거죠?" 이윽고 레이가 침묵을 깼다.

"그건 전적으로 레이 자네에게 달렸지만, 난 아직도 자네가 내 질문에 답을 해주었으면 하네."

"무슨 질문이요, 월?"

"자네 왜 여기에 온 건가?"

레이는 잠시 생각했다. 수천 가지 생각이 그의 머릿속을 지나갔다. 그는 더 좋은 설교자가 되고 싶었다. 그리고 다시 한 번 설교하는 일에 열정을 갖고 싶었다. 그는 여러 가지 이유로 이 자리에 왔지만 그 가운데 월이 묻고 있는 질문에 답이 되는 것으로 보이는 것은 하나도 없었다.

"다른 식으로 말해보겠네." 월이 말했다. "자네 스스로에게 이런 질문 해보았나? '만일 이 사람이 그렇게 훌륭한 설교자라면 장거리 트럭 운전사가 아니라 목회자가 되지 않았을까?' 그리고 그건 당연한 질문일세."

"그래서요?" 레이가 물었다.

"그러면 나는 설교자가 되는 것은 내 목표가 아니었다고 말해줄 걸세. 내 목표는 전국을 돌아다니며 가능한 재미있는 사람들을 많이 만나 그들에게 나와 예수 그리스도와의 관계를 이야기해주는 것이네. 레이, 자네도 알다시피 내 목표는 나를 목회자로 인도하지 않았고 트럭 운전사로 이끌었네."

"왜 복음 전도자가 되지 않았나요?" 레이가 물었다.

"재미있는 질문이군 레이. 나는 항상 내가 복음 전도자라고 생각하고 있었네."

"맞아요, 그건 미안해요. 하지만 윌, 저는 이 일과 설교와는 아무 상관이 없다고 생각해요."

"레이, 내 목표는 여러 곳을 다니며 새로운 사람들을 만나는 것이고 그 때문에 나는 내가 어떤 삶을 살 것인지를 결정했네. 그리고 그 결정은 내가 트럭 운전사가 되어서 배운 커뮤니케이션의 첫 번째 명령으로 인도했다네."

"명령이요?"

"명령이라니까 좀 세 보이긴 한데, 레이, 도로 상황에서 우유부단함은 들어설 여지가 없다네. 도로에 설치된 표지판들을 보게나. 멈춤, 진입 금지… 길 없음! 이 모든 것이 명령이지. 왜냐하면 자네 인생이 길 위에 있을 때는 의논할 시간이 없기 때문이지."

"다행히 제가 설교할 때는 길 위에 있는 생명은 하나도 없군요." 레이가 웃었다.

"아니지, 그들은 영원을 보내는 곳에 있는 거지." 윌은 웃지 않았다.

"맞아요. 그럼 그 첫 번째 명령이란 게 뭐죠?"

"그러니까 내가 말한 것처럼 세상을 보려고 한 내 목표가 나를 트럭 운전

사로 만들었지. 말을 전하기에 앞서 자신의 목표를 정하라는 뜻이네."

월은 레이가 아직도 자기 의견에 동의하지 않는다고 생각했다. "어떻게 전달할지에 대해 이야기하기 전에 왜 전달하는지에 관해 이야기할 필요가 있다네. 설교자로서 자네의 목표는 무엇인가?"

"음, 그러니까 사람들이 성경을 이해할 수 있게 하는 거죠."

"그럼 자네의 목표는 깨달음이군."

"네. 깨달음은 중요한 거잖아요?"

"물로 그렇지. 그렇지만 그게 가장 중요한 것인가?"

"무슨 말이죠?"

"레이, 난 효과적으로 의사를 전달할 수 있는 방법에 관해 내가 알고 있는 모든 것을 알려주려고 하네. 그렇지만 만일 자네가 잘못된 목표를 갖고 있다면 난 자네가 잘못된 일을 하도록 도와주는 것에 지나지 않을 것이네."

"월, 전 실패했어요."

"이런, 젊은이, 우리가 첫 번째로 해야 할 일은 자네를 구하는 것일세. 그러고 나서 자네 설교를 살펴볼 걸세." 이번에는 레이가 웃지 않을 차례였다. "레이, 자네는 이런 질문을 들어본 적이 있는가? '당신은 성경을 사람들에게 가르치는가 ^teaching the Bible to people^ 아니면…'"

"사람들에게 성경을 가르치는가요 ^teaching people the Bible^." 레이가 그 질문을 이어받았다. "네, 신학교에 다닐 때 그 말을 들어봤어요."

"그럼 그 말이 무슨 뜻인 것 같은가?"

"그러니까, 성경을 가르치는 일에 너무 치중하다가 사람들을 가르쳐야 하는 진정한 목표를 놓치지 말라는 의미라고 생각해요."

"바로 거기에 있네."

"거기에 뭐가 있다는 거죠?"

"자네 목표 말일세. 자네는 목표란 말을 사용했지. 자네는 자네의 진정한 목표가 사람들에게 성경을 가르치는 것이라고 말했네."

"네, 그랬던 것 같아요. 제 목표는 사람들에게 성경을 가르치는 거예요." 레이는 만족스럽다는 듯이 말했다.

"레이, 자네는 내 말의 의미를 알아들은 걸세. 명확한 목표를 갖는 것은, 비록 그것이 잘못된 것이라 하더라도 좋은 일일세."

레이는 저도 모르게 불쑥 내뱉었다. "뭐라구요? 그게 잘못된 목표라구요? 방금 사람들을 가르치는 것이 목표라고 말씀하셨잖아요?"

"사실이네 레이. 자네가 그렇게 말했지. 난 그저 그걸 반복했을 뿐이야."

"그렇다면 당신은 성경을 사람들에게 가르치는 것이 목표라고 말하는 거 아닌가요?"

"음, 그건 분명히 하나의 목표지. 그렇지만 난 그것을 최고의 목표라고 보지 않네."

레이는 약간 긴장했다. "그럼 그 최고의 목표란 건 뭐죠?"

"그게 바로 질문이네, 그렇지 않은가?" 월은 일어서서 기지개를 켜며 말했다. "이봐 레이, 자네가 지금 당장 목표가 무엇인지 아는 것은 중요하지 않네. 우선은 무엇이 목표가 아닌지 아는 것만으로도 충분하다는 거지."

"왜 그것으로 충분한 거죠?"

"왜냐하면 이제 자네는 커뮤니케이션에 대한 접근 방법을 새로 맞추어갈 준비가 되어 있기 때문이지."

"어떤 새로운 것에 맞춘다는 거죠?"

"진정한 목표 말일세. 자네 소지품은 그 가방뿐인가?"

레이는 여행 가방을 발로 슬쩍 밀었다. "네, 아내가 저를 위해 챙겨준 거예요. 무척 가볍지요. 저를 어디로 데려가시려는 거죠?"

"여기서 잠시 기다리게."

윌은 차고 안으로 사라졌다. 잠시 후 그가 다시 나타났는데 이번에는 레이가 평생 처음 보는 엄청나게 큰 트럭의 운전석에 타고 있었다. "가방은 뒤로 던지고 올라타게."

이제 레이는 명령에 따르는 것에 익숙해졌다. 그는 그의 말대로 가방을 트럭 뒤에 던져넣고 거대한 트럭 운전석의 조수 자리에 올라탔다. "윌, 당신은 진정한 목표를 제게 말해주려 하는 건가요?"

"그건 곧 알게 될 걸세, 레이. 사실, 자네는 이미 그걸 알고 있네. 다만 자신이 그걸 알고 있다는 것을 모르고 있을 뿐이야."

"그럼, 당신이 그 목표를 말해주는 것이 아니라면 이제 우리는 무얼 해야 하는 거죠?"

"지금부터 잠시 동안 어떻게 커뮤니케이션을 할 것인가에 대해 이야기할 걸세. 그러면 그 이유가 분명해질 거네."

"고마워요, 요다^{Yoda}, 아니 오비 완$^{Obi\ Wan}$이라 불러드리는 게 더 좋으신가요?"(요다나 오비 완은 모두 영화 〈스타워즈$^{Star\ Wars}$〉에 나오는 등장 인물로 '스승'이나 '사부'를 의미함. - 역주)

윌의 얼굴에 떠오른 표정으로 보아 윌은 스타워즈 시리즈를 보지 못했음이 분명했다.

"음, 전에도 말했지만, 내가 설교에 대해 알게 된 것은 대부분 트럭을 운전하면서 배운 거라네. 요즘은 빅릭$^{big\ rigs,\ 2칸짜리\ 트레일러}$은 더 이상 운전하지 않지. 이 녀석이 요즘 나와 씨름하고 있는 것들 중 가장 큰 것이라네." 윌은 거대한 조종석을 마치 애완동물이라도 되는 양 가볍게 쓰다듬었다.

레이는 크기란 상대적인 것이라고 생각할 수밖에 없었다. 윌은 더 이상 빅릭을 운전하지 않는다고 했지만, 지금 운전하고 있는 것도 레이의 미니밴보다 두 배는 더 커 보였다. 윌은 도로로 나가 몇 분 동안 아무 말 없이 운전을 했고, 레이는 문이 네 개 달린 이 트럭의 내부를 이리저리 살펴보았다. 그는 여러 가지 눈금과 계기들을 보다가 타고 있는 차가 고속도로로 접어들고 있다는 것을 알게 되었다.

"윌?"

"응?"

"지금 어디로 가는 거죠?"

4장

길이
끝나는 곳

"그게 무슨 말이지, 레이?"

"지금 우리가 어디로 가고 있냐고 물었어요."

"그건 왜 묻는 건가?"

"모르겠어요. 그냥 어디를 향해 가고 있는지 알면 더 좋을 것 같아서요."

윌은 미소를 지으며 알겠다는 듯이 레이를 흘끗 쳐다보았다. "그리고 그게 바로 두 번째 교훈이라네, 친구. 내가 트럭을 운전하면서 배운 커뮤니케이션의 두 번째 명령이지. 도로에 나서기 전에, 포인트, 곧 핵심을 잡아라."

대형 트럭은 매우 편안했다. 승차감은 부드러웠고 좌석은 쾌적하고 널찍했다. "메도우랜드 사람들이 주일마다 이런 좌석에 앉을 수 있다면 그들은 어디로 가든 전혀 상관하지 않겠는데요." 레이가 말했다.

"그런가? 하지만 아마 잠이 들고 말 걸세."

"다른 설교자에게서 그런 말을 들으니 너무 춥네요. 그 사람이 비록 트럭 운전사라도 말이에요." 레이는 미소를 지으며 말했다. "그러니까… 포인트를 잡으라는 말이 정확하게 무슨 뜻인가요?"

"바로 이런 거지. 나는 설교, 혹은 그런 비슷한 강연들을 모두 하나의 여행으로 생각하고 있다네. 우리는 어딘가에서 시작해서, 어딘가로 가고, 결국에는 어딘가에서 끝을 맺네. 문제는 처음에 가고자 했던 곳에서 끝을 맺었는가하는 것이네. 자네는 아무 계획도 없이 이곳저곳 차를 몰면서 어딘가 재미있는곳에 도착하기를 바랄 수도 있고, 바퀴에, 혹은 단상에 올라서기 전에 어디로갈 것인지를 미리 정할 수도 있네. 내 말은 자네는 자네의 청중들을 데리고 여행을 떠난다는 것이네. 그들이 그들 자신의 삶을 변화시킬 진리를 발견할 곳으로 인도하는 것이지."

윌은 옆자리에 앉은 나를 흘끗 보고는 계속 말을 이었다. "운전사인 나는 트럭에 올라타고 전국을 누빌 수 있네. 그리고 결국에는 어딘가에 도착하게될 걸세. 그동안에 길에서 재미있는 것들을 많이 볼 수도 있지. 그렇지만 목적지를 머릿속에 생각해두지 않는다면 계속 길에서만 머물게 될 걸세. 그렇지 않은가?"

레이는 고개를 끄덕였다.

"레이, 자네도 알겠지만, 내가 성공한 것은 내가 어디로 가고 있는지 알고 그곳에 도착한다는 사실 때문이네. 설교도 마찬가지야. 재미있는 이야기들을 많이 할 수도 있고, 그 이야기들이 나름대로 진실일 수도 있어. 하지만 만일 포인트가, 다시 말해서 최종적인 목적지가 없다면 내가 한 것은 단순한 이야기에 불과한 거라네.

자네도 알다시피 내가 하는 일에 있어서 분명한 목적지는 절대적으로 필요한 것이네. 만일 애틀랜타를 출발하여 '서부 어딘가'로 물건을 전하려 한다면 수천 킬로미터는 헤매고 다닐 것이네. 시애틀로 갈 텐가, 아니면 샌디에이고로 갈 텐가? 내가 무슨 말을 하려는지 알겠지? 그렇지만 단지 목적지가 샌디에이고라는 것을 아는 것만으로는 그 도시의 크기에 비추어보면 별 도움이 되지 않는다네. 하지만 샌디에이고 브로드웨이 근처의 11번가 1221번지에 있는 쉬브론 역을 향해 가고 있다는 것을 안다면 그건 내가 출발하기 전에 어디로 가야 할지를 알고 있다는 의미가 되네."

레이는 자기 마음속에 슬그머니 떠오른 생각에 겁을 내며 윌을 물끄러미 바라보았다. 난 미스터 구글 어쓰^{Mr. Google Earth}에게서 설교를 배우기 위해 수천 킬로미터를 날아왔는데 정말 난감한 걸? 정말 난감하지 않을 수 없었다. "그럼 당신이 말하는 포인트는 무언가요?"

"바로 이것이네. 설교를 하기 위해 단 위에 올라설 때 자네는 나를 데리고 가려는 주소가 어디인지 말해줄 수 있는가? 그러니까 30분 동안이나 헤매게 할 다른 장소는 모두 지워버리고, 11번가 1221번지처럼 간단하게 줄일 수 있는가? 내가 자네가 나를 데려가고 싶은 곳으로 데려갔을 때 내가 그곳에 도착했다는 것을 알 수 있을까? 이게 바로 내가 말하는 하나의 핵심을 가진 설교, 즉 원 포인트 메시지^{one point message}라는 것이네, 레이."

"하나의 핵심이라구요?"

"그렇지. 그건 마치 주소와 같은 것이네. 그건 메시지 전체를 요약하는 짧고 간단한 문장을 말하네."

"하지만…" 레이는 무슨 말을 해야 할지 몰랐다. 물론 그는 월이 말한 것처럼 해야 할 말이 있어야 한다는 사실에 공감했다. 그러나 그건 해야 할 말들이지 한 마디 말이 아니었다. "하지만 저에겐 항상 할 말이 많이 있어요, 월. 그건 문제가 되지 않아요. 성경 구절을 보면 마치 그것이 살아 움직이는 것 같아요. 제가 진리를 찾도록 도와줄 필요는 없어요. 제게 필요한 것은 어떻게 하면 사람들이 귀를 기울이게 만드느냐 하는 방법을 알려주는 거예요."

"나도 지금 똑같은 기분이 드네." 월이 말했다. "레이, 자네는 내 말에 귀를 기울이고 있지 않고 있군. 한번 해보세나. 준비됐나? 사십이, 십칠, 십일, 삼십구, 칠십육, 이십사, 구, 십이, 팔십사. 그럼 이제 내가 말한 숫자들을 따라해보게."

"그게… 못하겠는데요. 그 숫자들을 모두 기억하지 못하겠어요."

"좋네. 만일 할 수 있었다면 자네를 다음 출구에서 내려주었을 거네. 이제 다시 한 번 해보게. 사십사, 사십사, 사십사, 사십사, 사십사, 사십사. 자 숫자들을 따라해보게."

레이가 대답했다. 하지만 그러고 싶지 않았다. "사십사."

"아주 잘했네. 이보게, 나도 이게 서툰 예화라는 것을 아네. 하지만 이건 중요한 부분이네. 만일 자네가 사람들에게 너무 많은 내용을 기억하게 한다면 그들은 하나도 기억하지 못할 걸세. 교회 주차장을 나서기도 전에 자네가 주장한 것을 몽땅 잊어버릴 걸세. 자네가 말한 것은 모두 재미있는 것일 수도 있네. 더구나, 자네가 말한 모든 것은 삶을 변화시킬 만한 것일 수도 있지. 하지만 만일 사람들이 그것을 기억하지 못한다면 아무것도 변화시킬 수 없을 걸세. 마치 어떤 사람이 말한 '목이 마르다고 소화전에 가지 말라. 한 모금도 마시기 전에 익사하고 말 것이다'라는 말과 같은 이치지. 자신의 메시지를 하나의 포인트로 초점을 좁혀야 하네. 그런 다음 그것을 기억할 수 있도록 메시지 안에 포함된 모든 내용으로 그것을 입증하고, 예화를 들고 도와주게."

"그렇지만 그건 저도 하고 있다고 생각하는데요." 레이가 변명하듯이 말했다.

"그 글러브 박스를 열어보게." 박스를 연 레이는 안에 있는 것을 보고 깜짝 놀랐다. 그 안에 차곡차곡 정리된 것은 10개의 카세트 테이프였는데, 모두 레이의 설교가 담긴 것이었다.

"어디서 이걸? 어떻게? 제가 누군지도 모르셨을 텐데…"

"안심하게 이 사람아. 피트가 6개월 동안 내게 보내준 것이네. 우리는 서로 물건을 보내고 취미나 기호품, 그런 것들에 대해 의견을 나누곤 하지. 어쨌든 피트는 자네를 만난 이후로 자네의 설교 테이프를 내게 보내주기 시작했지. 그는 자신의 투자 대상을 보호하는 것과 관련된 말을 했네. 그 안에서 테이프를 하나 꺼내보게."

레이는 테이프가 들어 있는 박스에서 하나를 꺼내들었다. "이건 기억이 나네요. '포기브니스4-giveness'라고 제목을 붙였죠. '포for'라는 말 대신에 숫자 4

를 넣었어요. 그리스도가 우리를 용서하신 것처럼 다른 사람을 용서하는 것에 대해 설교했고, 용서에 관한 네 가지 측면에 대해 말했어요."

"그게 뭔가?"

"뭐 말이죠?"

"용서에 관한 네 가지 측면 말일세. 그게 뭐였지?"

"아, 그러니까, 그리스도의 용서는 완전하다. 그리고 음, 우리에게는 그것을 받을 자격이 없다. 그리고 뭐더라… 두 가지가 더 있어요." 레이가 한숨을 쉬었다. "그런데 저도 그게 뭔지 기억하지 못한다면 다른 사람은 어떨까요?"

"레이, 너무 자책하지 말게나. 내가 원하는 건 그게 아닐세."

"아니에요, 알았어요. 왜 사람들이 한 가지도 기억하기 어려운데 네 가지나 말해주었을까요?"

"그리고 그것을 기억하는 것은 그것을 적용하는 것만큼 어렵지가 않다네. 만일 사람들에게 매주 자기 삶에 적용할 것들을 서너 가지씩 전해준다면 그들은 시작도 하기 전에 떠나고 말 걸세."

"좋아요. 하지만 월, 그럼 그걸 어떻게 좁히죠? 제 말은, 설교를 위해 연구하고 준비하다보면 전할 게 너무 많다는 거예요."

"그게 바로 이 접근 방법이 가지는 최고의 장점이네."

"그게 뭔데요, 월?"

"자네가 들고 있는 테이프는 '포기브니스'라고 부른 네 번의 뛰어난 연속 설교로 되어 있네. 알다시피 설교를 연구하고 준비하는 일은 전화번호부에서 주소를 찾거나, 혹은 자네 세대라면 온라인 지도를 검색하는 일과 유사하지. 그러면 수많은 내용들, 좋은 내용들을 만나게 될 걸세. 그걸 기록한 다음 활용하게. 다만 한 번의 설교에서 한 번에 몽땅 사용하지만 말고. 설교하다보면 새로운 깨달음 때문에 흥분해서 하나의 메시지로 마무리할 수 없을 때가 있네. 하지만 그런 훈련을 받아야만 하네. 그게 바로 내가 '락 시티를 찾아오세요 ᔆᵉᵉ ᴿᵒᶜᵏ ᶜⁱᵗʸ' 함정이라고 부르는 거지."

"락 시티요?"

"그렇지. 락 시티는 테네시 주 채터누가 ᶜʰᵃᵗᵗᵃⁿᵒᵒᵍᵃ 에 있는 여행 명소지. 북조지아에서 테네시를 거쳐 캐롤라이나로 차를 타고 가다보면 지붕에 '락시티를 찾아오세요'라고 쓰여진 창고들을 내내 보게 될 걸세. 그럼 자네는 채터누가에 도착하게 되면 차를 세워놓고…"

"락 시티를 찾아보게 되죠." 레이가 그 말을 받았다.

"바로 그걸세. 그리고 깨달음이란 것도 마찬가지지. 한 단락에서 다른 생각이나 다른 요소에 너무 흥분하면 자기가 어디로 가고 있는지 잊어버리고 옆길로 새기 시작할 수도 있지. 그곳이 정말 너무 근사한 곳일 수도 있지만, 자네가 가고자 하는 곳은 아니며 그렇게 되면 청중들에게 혼란을 주게 되는 걸세."

내가 주일 아침마다 보던 사람들의 그 혼란스러운 표정들이 바로 이것 때문인가? 레이는 의아했다. 그는 자신이 주일 아침에 얼마나 많은 항목들을 설교했는지 생각하고는 웃을 수밖에 없었다.

"좋아요, 윌. 세 가지나 네 가지보다는 한 가지를 기억하는 것이 훨씬 쉽다는 점은 받아들일 수 있겠어요. 하지만 30-40분 정도 되는 시간에 오직 하나만 가지고 이야기한다는 것은 어려운 일인 것 같아요."

"경우에 따라서지. 자네의 목표는 무엇인가?"

"그럼 다시 목표에 관한 것으로 돌아가는 건가요? 이 경우에 제 목표는 설교를 시작하고 10분 안에 말할 내용이 떨어지지 않게 하는 거죠."

"이보게, 얼마나 오래 걸릴지 혹은 걸리지 않을지에는 그렇게 목매달지 말게. 게다가 똑같은 말을 하고 계속해서 반복하라는 것도 아닐세. 좀 전에 숫자 사십사처럼 말이야. 내가 말하고자 하는 것은 설교 안에서 모든 이야기, 모든 예화, 모든 질문과 답은 그 설교의 포인트에 초점이 맞추어져야 한다는 걸세. 얼마든지 창조적이면서도 재미있게 할 수 있고, 또 사람들은 그런 것을 좋아하지. 다만 그런 것들이 자네가 가고자 하는 곳으로 갈 수 있게 확실히 하라는 것일세. 난 자네가 한 번도 본 적이 없는 근사한 트레일러를 운전해본 적이 있네. 그 안에는 텔레비전이며 커피 메이커며 전동 안마기가 달린 좌석까지 모든 것이 갖추어져 있지. 하지만 그런 편의 장치가 아무리 갖추어져 있어도 트럭이 올바른 방향으로 가지 않는다면 원하는 곳으로 갈 수 없을 걸세. 내가 무슨 말을 하려고 하는지 알겠나?"

"분명히요." 레이가 미소지으며 말했다. "그렇지만 비유의 대상이 바뀌었네요. 처음에는 설교를 여행에 비유하더니 이젠 트레일러로 바꾸셨어요."

"이보게, 큰 비유는 큰 트럭과 같다는 것을 곧 깨닫게 될 걸세. 그건 언젠가는 부서지고 마는 것일세."

레이는 의자 뒤로 몸을 기대며 창 밖으로 스쳐가는 풍경을 바라보았다. 회중들의 공허한 시선은 따분함이 아니라 혼란이었던 것인가? 나는 소화전에서 물을 공급하고 있었던 것인가? 어쩌면 시간을 채우기 위해, 혹은 사람들을 감동시키기 위해 설교 안에 더 많은 정보를 담으려고 애썼을 수도 있지. 그렇지만 포인트는? 하나의 포인트를 중심으로 전체 메시지를 선포할 수 있을까?

레이가 침묵을 깼다. "윌, 명령은 모두 몇 가지인가요?"

"그게 무슨 말이지, 레이?"

"당신은 포인트를 잡으라는 것이 트럭을 운전하면서 배운 커뮤니케이션의 두 번째 명령이라고 말했잖아요. 앞으로 얼마나 많은 명령이 있는지 궁금해서요."

"글쎄, 몇 개나 되는지 세어본 적이 없는 것 같은데. 한번 보자…" 윌은 눈을 가늘게 뜨고 기억을 더듬으며 중얼거렸다. "30개, 아니면 40개 정도 되겠는데."

레이는 깜짝 놀랐다. "그럼 속옷이 더 많이 필요하겠네요." 그가 뒷좌석에 던져놓은 작은 여행 가방을 가리키며 말했다.

윌이 웃음을 터뜨렸다. "농담일세, 레이. 자네 속옷은 충분하다네. 명령은 딱 일곱 개네."

5장

기억을 위한 지도

"월, 한 가지 궁금한 게 있어요."

"그게 뭔가?"

"이런 말을 해도 될지 모르겠는데요…." 레이는 적당한 말을 찾으려고 고심했다.

"서슴지 말고 말해보게, 레이. 나는 쉽게 기분이 상하거나 하는 사람은 아닐세."

"그럼요, 당신은 우리가 어떻게 하면 더 좋은 설교자가 되는가에 대해 이야기할 거라고 말했잖아요. 그런데 당신은 한 번도 하나님이나 기도에 대해 언급한 적이 없어요. 이건 모두 인간의 노력에 관한 건가요?"

"그렇네." 월이 단호하게 말했다.

레이는 그런 대답이 나오리라고 예상하지 못했다.

"이보게, 레이." 월이 침묵을 깼다. "자네나 나나 하나님이 그걸 우리에게 주시지 않았다고 말하는 것은 아무 의미가 없네. 자네가 설교를 하면서 갖는 가장 중요한 시간은 기도하는 가운데 자네가 정한 하나의 포인트에 맞추어 하나님의 마음과 그분의 말씀을 찾는 시간이네."

"그 말 뒤에 곧 '그러나'란 말이 이어질 것 같군요."

"그러나 하나님이 자기 일을 행하시면 우리는 우리가 맡은 부분을 해야 하지. 그리고 나는 너무나 많은 설교자들이 메시지를 듣는 이들의 마음에 적용시키는 것은 성령님께 달려 있다는 변명 뒤에 숨어버리고는 성령님이 함께 역사하시도록 아무 일도 하지 않는 것을 볼 만큼 보았다네."

레이는 윌이 자기 수양을 강조하는 구루^{guru}가 아닌 것에 흡족해하며 계속 밀고 나갔다. "그래서 세 번째 명령은 무엇인가요?"

"세 번째이자 모든 트럭 운전사가 가장 가깝고 친근하게 생각하는 것은 지도를 만들라는 것이네."

레이의 생각에 좋은 지도란 사용한 다음에 다시 접기가 쉬운 것이었다. "좋아요, 그럼 지도란 무엇을 의미하죠? 분명 편의점에서 쉽게 살 수 있는 그런 지도를 말하는 것은 아닌 것 같은데요."

윌은 웃었다. "트럭 운전사인 나는 3차원 여행을 위해 2차원 그림인 지도를 사용하지. 좋은 지도는 자네가 원하는 목적지에 도달할 수 있는 가장 빠르고 효과적인 길을 보여줄 거네. 두 번째 명령에 대해 이야기할 때 말한 것처럼, 특정한 장소로 가는 데는 서로 다른 수많은 길이 있지. 운전사인 나는 물건이 정확히 필요한 시간에 그 목적지에 도착하도록 가장 효과적인 방법을 찾아야 한다네.

자네도 알다시피, 많은 사람들은 좋은 지도란 언제라도 가능한 대안들을 모두 보여주는 것이라고 생각하지만, 내게 있어서 그런 지도는 끔찍한 물건에 불과하지. 난 길을 나설 때는 먼저 지도책을 펴놓고 내가 가야 할 길을 빈 종이에 그려놓는다네. 그게 바로 내 지도지. 지도책에는 수많은 샛길과 진입로가 들어 있지만 그런 것들은 나를 헷갈리게만 할 뿐이지."

"그러니까 설교자로서 당신은 그것을 하나의 목적지로 축소시키는 법을 배웠다는 거죠. 그건 앞에서 다룬 내용이 아닌가요?"

"이건 다른 거라네, 레이. 설교자로서 자네의 목표는 청중들에게 적용이라는 최종 포인트로 인도하는 것이지. 내가 말하는 지도는 자네의 메시지에 길을 그려주지."

"그럼 개요를 말하는 거군요." 레이가 말했다.

"아니. 지도를 말하는 거네. 개요는 생각과 개념을 조직하기 위해 고안된 것이지. 개요는 하나의 주제와 관련된, 혹은 느슨하게 이어진 포인트들의 모음을 뜻한다네. 그리고 그 포인트 하나하나는 그 주제에 대해 전혀 다른 진술을 하고 있네."

"용서에 관한 제 메시지의 개요처럼 말이죠." 레이가 작은 소리로 말했다.

"바로 그거네. 자네 설교의 개요에는 용서에 관해 이야기할 것들이 많지. 하지만 그 개요는 자네를 어느 곳으로도 인도하지 않네. 그건 지도가…."

"아니란 말이죠?"

"그래, 맞았네!" 윌이 계속 말했다. "개요는 마치 백과사전 같은 것이 되고 말 수도 있네. 무미건조하고 따분한 수많은 좋은 정보들이 들어 있는 두꺼운 사전 말일세. 백과사전을 들고 침대에 눕는 사람은 거의 없지. 반면에 손에 들려진 지도는 그 사람을 이야기 속으로 빠져들게 하는 여행으로 인도하지. 마치 자네가 휴가에 관해 들려준 그 이야기처럼."

레이는 그의 말을 이해하려고 애썼다. "당신은 계속 '지도'란 말을 사용하네요. 그럼 그 말을 문자적으로 어떻게 받아들여야 하나요? 빈 종이를 들고 자리에 앉아, 그러니까 색연필과 크레용으로 이것저것 기록하는 건가요?"

윌은 동행인을 흘끗 바라보았다. "내가 크레용을 사용하는 그런 사람으로 보이나, 레이?"

"좋아요, 그건 다른 비유죠. 그럼 당신은 그 지도를 어떻게 그리죠?"

"보통 종이를 꺼내 책상에 앉아 로마 숫자로 시작을 하지." 윌이 말했다.

"그건 개요잖아요." 레이는 마치 그가 거짓말을 하고 있는 것을 발견한 듯이 말했다.

윌은 웃었다. "그걸 개요라고 부르는 게 더 마음이 편하겠나, 레이?"

"제가 무언가를 제대로 할 수 있다는 것을 아는 것이 더 마음이 편하죠."

"하지만 너무 서두르지 말게. 개요처럼 보인다고 다 되는 것은 아니네. 내 생각에 개요에는 두 가지가 있는 것 같네. 하나는 정보와 관련된 것으로 전적으로 내용 중심이지. 그건 바로 자네가 여태까지 작업하던 것이네. 네다섯 개의 포인트를 잡아…"

"좋아요. 무슨 말인지 알았어요." 레이가 불쑥 내뱉었다. "다른 종류의 개요는 어떤 것이죠?"

월은 자신이 레이를 너무 급하게 재촉하지는 않았는가 하는 생각이 들기 시작했다. 지금은 비록 늦은 오후지만 그에게는 너무나 긴 하루였다. "여기서 잠시 멈추고 휴식을 취하도록 하세."

"미안해요, 월. 그렇게 불쑥 말을 꺼내려 했던 게 아닌데 말이에요. 이건 제게 너무도 중요한 문제라서 그래요. 전 이 일에 제 삶을 걸었구요, 요즘은 온통 뭔가 잘못되고 있다는 생각만 들거든요." 레이가 창문을 바라보자 그의 목소리가 점점 작아져갔다.

월의 목소리는 약간 부드러워졌다. "레이, 자네도 알겠지만 옳다 그르다 란 말은 때로는 너무 성급한 것일세. 만일 내 방법은 옳고 그 밖의 다른 방법은 잘못됐다고 생각하게 만들었다면 미안하네. 내가 말하고자 했던 것은 그게 아닐세. 하나님은 자네가 성공적인 목회를 하도록 사용하고 계시고, 사람들은 그동안 자네를 통해 감동을 받아왔네. 절대 의심하지 말게! 나는 그저 자네에게 나를 비롯해 몇몇 다른 사람들에게 효과가 좋았던 또 다른 대안을 제시하려는 것뿐일세. 여기서 잠시 쉬겠나?"

레이는 그 질문에 대해 생각했다. 그로서는 지금 어디로 가고 있는지 알 수 없었기 때문에 여기서 멈추는 것이 좋은지 판단하기 어려웠다. "월, 그런데 정말 어디로 가고 있는 건가요?"

"아, 이곳 저곳일세. 자네에게 지금 모든 게 똑같아 보인다면 조금만 더

가기로 하지. 곧 차를 댈 수 있는 곳이 나올 걸세."

"제 말 좀 들어보세요. 전 정말로 알고 싶어요. 당신이 이야기한 두 번째 종류의 개요는 어떤 거죠?"

"만일 첫 번째 종류가 정보와 관련된 개요라면 말이지" 윌이 말을 시작했다. "두 번째 종류는 내가 관계적이라고 이름붙인 개요일세. 이 방법은 자네가 만든 개요를 화자인 자네와 자네의 청중 그리고 당연히 하나님과의 관계를 중심으로 세워가는 것이지. 난 그 구성 요소들이 서로 관계를 맺고 상호 작용을 하는 과정을 도표로 그려내기 위해 지도를 사용하고 있지. 난 그것을 나-우리-하나님-당신-우리(ME - WE - GOD - YOU - WE)라고 부른다네."

"나-우리… 뭐라구요?" 레이는 그 말을 따라하려고 애썼다.

"나-우리-하나님-당신-우리."

"마치 여름성경학교 주제처럼 들리네요." 레이가 농담을 했다. "당신은 작년 여름에 어디에 갔었나요? 아, 난 나-우-하-당-우 캠프에 갔었어요."

윌은 웃음을 터뜨렸다. "음, 그게 여름 수련회만큼 신날지는 장담할 수 없겠지만 내 설교 여행은 그런 일정으로 진행된다네." 그러고 나서 윌은 설명하기 시작했다.

"나(ME) 부분은, 그러니까 시작해야 하는 부분일세. 그 부분은 자신이 누구이며 어떤 사람인지를 설명하는 곳이네. 나는 여러 곳에서 여러 다른 무리의 사람들에게 설교를 해왔기 때문에 나 부분은 내가 사람들에게 나 자신을 소개하는 부분이지. 청중들은 설교에 진심으로 귀를 기울이기 전에 설교자와 같은 정도의 일정한 안정감이 필요하지. 자기 교회에서 설교하는 목회자라면 많은 소개가 필요없을 테고, 이 시간을 그날 설교의 주제나 개념을 소개하는 것으로 사용할 수도 있네.

레이, 자네도 알겠지만, 일단 내 말을 듣는 사람들이 나에 대해 약간 알게 되고 또 그들이 나를 신뢰하고 있다고 느끼게 되면 그때 난 그들과 호흡을 함께할 준비가 된다네. 그 점에 대해서는 다음 명령에서 더 많이 이야기하겠지만, 일단은 그것이 우리(WE) 부분의 목적이라네. 이 부분에서 나는 내가 생각하거나 느끼는 것에서부터 우리가 생각하고 느끼는 것으로 변환되네. 그날 전할 메시지의 주제나 개념과 관련해서 청중들과 공통 되는 정서적인 기반을 찾아야 하지. 나는 이런 말을 사용하곤 하지. '우리 남편들은 이런 것을 압니다' 혹은 '우리 아버지들은 저런 것을 압니다.' 그리고 남편이나 아버지가 아닌 사람들과 공감대를 형성하지. 하지만 거기서 멈출 수는 없다네. 청중들과 가능한 많은 공통 되는 기반을 가졌다고 느낄 때까지 다른 연령대의 사람들과도 접촉해야 한다는 말일세. 무슨 말인지 알겠나? 내 목표는 청중들 가운데 가능한 많은 사람들의 감정적 욕구를 불러일으키는 것이지.

일단 그렇게 한 다음에는 지도상에서 다음 관계로 넘어갈 수 있는데, 그 단계는 바로 하나님과의 관계네. 이 지도에서 하나님 부분은 내가 만들어낸 이 정서적인 공감대를 바탕으로 성경의 진리를 대화 가운데 소개하는 부분이지. 이제 나는 내가 방금 제기한 필요들에 대한 해결 방법들을 제공하게 되는 거네. 내가 아는 많은 설교자들은 먼저 성경에서 시작해서 그 다음에야 적용할 것들을 제공해야만 한다고 생각하고 있지."

"맞는 말이에요. 제가 바로 그렇게 배웠어요." 레이가 말했다.

"그런 방법의 문제는, 혹은 이렇게 말해야 할지 모르겠지만, 그런 방법을 사용할 때 조심할 부분은 자네가 성경을 단순히 정보 전달의 차원에서 가르치게 된다는 것이네. 청중들이 듣고 싶은 욕구를 느끼지 않는다면 그들은 대부분의 시간 동안 귀를 기울이지 않을 걸세. 여전히 그 자리에 앉아 자네를 바라보겠지만 마음속으로는 자네로부터 등을 돌릴 것이네."

레이는 고개를 끄덕였다. 그는 월이 말하는 것이 무슨 뜻인지 너무나 잘 알고 있었다.

"레이, 우리는 성경을 사람들에게 가르치는 것이 아니라는 것을 명심하게. 우리는 사람들을 가르치는 것이네. 첫째, 우리는 사람들과 연결이 되어야 하고, 이어서 성경으로 나아가야 하네."

레이는 청중들 사이에서 반사적으로 떠오르던 먼 시선과 긴장감에 가까운 시선들을 생각했다. 그는 자기 청중들을 잘 알았고, 그들은 그를 너무도 잘 알았다. 그러나 그는 그 시간에 청중들에게 하나님의 말씀의 진리를 연결시키려 했던가?

"그 다음은 당신(YOU) 부분으로 이어지네." 월은 이제 말이 술술 이어졌다. "일단 욕구에 대한 해답으로 그 주제에 대한 하나님의 견해를 소개하면 이렇게 질문하기가 쉬워지지. '당신은 그 일에 대해 어떻게 할 것인가.' 이것은 적용 부분이 된다네. 하지만 적용하도록 관심을 북돋아주는 대신에 내 지도를 잘 따라가면 적용은 자연스럽게 따라오는 거지." 윌은 레이의 눈에서 불신의 빛을 보았다. "좋네, 항상 자연스럽게 나오는 것은 아니지. 하지만 그건 항상 사람들이 이미 물어본 질문에 대한 대답이 된다네."

레이는 자기 멘토를 약간 자극한다는 기분이 들었다. "이 부분은 당신 (YOU) 부분이라고 불렀죠. 그럼 설교자는 적용에서 제외된다는 의미인가요?"

"아니, 그보다는 말일세. 내가 당신(YOU)이라고 명명한 이유는 개인적인 차원에서 도전이라는 개념을 전달하고 있다는 것을 분명히 하고 싶기 때문이지. 자네도 알겠지만 삶의 변화는 사람들이 자신의 삶 가운데 진리를 적용할 때 오는 것이네. 그리고 사람들은 정말 필요하다고 생각하기 전에는 아무것도 적용하려 들지 않지."

"그럼 이 시점에서 뒤로 돌아가 우리(WE) 부분에서 말했던 사람들에게 적용할 수 있는 거군요."

"그렇지, 바로 그거네. 개요, 그러니까 내가 말하는 지도는 자네에게 자네의 적용을 다룰 필요가 있는 사람들이 누구인지를 알게 해주지. 자네는 처음으로 되돌아가 욕구를 제기한 모든 곳에서 적용을 하게 되는 거지. 하지만 그일에는 중요한 핵심이 있네. 자네가 하나님의 말씀을 통해 다루지 않고 또한 그에 대한 적용을 해답으로 제시하려고 하지 않는 부분과 관련된 절실한 욕구를 청중들에게 제기하지 말게. 설교자가 할 수 있는 최악의 일은 너무 많은 것을 약속하고서 그것을 제대로 지키지 못하는 거지. 자네는 청중들과 신뢰를 쌓고 있네. 그 신뢰는 정보에 대한 것이 아니라…."

"관계를 통해 오는 것이죠." 레이가 그의 말을 마무리했다. "마지막 낱말은 무엇인가요, 윌, 그건 다시 우리(WE)인가요?"

"맞았네." 윌이 말했다. 관계 지도의 마지막 포인트는 우리(WE)네. 앞의 우리는 공감된 필요를 중심으로 하는 공통된 기반을 쌓는 곳이지. 이번의 우리는 공통된 비전을 투사하는 곳이라네. "

"비전이라구요?"

"그렇지. 우리가 하나님의 진리의 말씀을 적용하기만 하면 우리의 삶, 우리 교회 그리고 심지어 이 세상이 어떻게 보일까 하는 비전 말일세. 이것이 바로 메시지에서 깨달음을 주는 부분이지. 이 순간에 내 목표는 사람들에게 변화하고자 하는 깨달음을 불어넣는 것이라네. 사람들이 자신이 얼마나 더 앞으로 나아가야 하는지만 생각할 때는 하나님의 말씀을 접하는 일은 그들에게 패배감을 심어주기만 한다네. 그렇지만 진리를 적용해 자신의 삶이 어떻게 변할 수 있는지 그림을 보여줄 수 있다면 사람들은 작게나마 소망을 갖게 되지."

"나–우리–하나님–당신–우리." 레이가 말했다. "보세요, 저도 외웠어요! 저도 그런 지도를 유지할 수 있을 것 같아요"

"그리고 바로 그 점에서 그게 반드시 가져야 하는 좋은 지도가 되는 거지, 친구. 명령 두 번째에서 내가 포인트를 잡고 그것을 기억할 수 있게 만들라고 했을 때 올바른 지도가 그것을 가능하게 만들 거라고 말했지. 그리고 이 지도로 말야…"

"나 자신에 대해 이야기하고 우리가 직면하고 있는 도전에 대해 전하죠."

레이가 마지막 시험에 주어진 질문처럼 월의 문장을 완성하기 시작했다. "그러고 나서 그것과 관련해 하나님이 무슨 말씀을 하셨는지 그리고 우리에게 주신 대답이 무엇인지 살펴보죠. 우선 개인적인 적용을 제시하고, 그런 다음 사람들은 자신의 삶을 변화시키며, 우리 모두는 그 변화를 축하할 수 있게 되죠."

"그리고 언제든 자네가 길을 잃거나 방향이 혼동되면 자네가 해야 할 일은 자신이 어떤 관계 위에 서 있는지를 기억하는 것이지. 그럼 자네는 자신이 어디로 가는지 똑바로 알게 될 걸세." 월이 결론을 내렸다.

레이가 이 개념을 생각하는 동안 월이 자기 질문에 한 번도 답해주지 않았다는 사실이 떠올랐다. "월, 우리가 어디로 가는지 한 번도 말해주지 않았어요." 레이가 말했다.

"그렇지, 안 했지." 월이 미소지었다.

레이는 자신의 기상천외한 모험이 시작된 이후로 처음으로 현실을 뒤돌아보기 시작했다. 그는 잘 알지도 못하는 사람과 함께 어디로 가는지도 모르는 채 가고 있었다. 그래서 약간 불안했다. 그렇지만 웬일인지 크게 불안하지는 않았다.

레이는 커다랗고 편안한 좌석에 깊숙이 몸을 기대고 미소를 지었다. 그는 어디로 가고 있는지는 몰랐지만 전에 있던 곳이 아니라는 것은 분명히 알았다.

6장

출발 전에
짐을 실으라

"그럼 네 번째 명령은 뭐죠?" 레이가 물었다.

"네 번째는 두 번째와 세 번째와 연관되어 있네. 난 그걸 메시지를 내면화하라고 부르지. 알겠지만, 자신의 목적지를 알고 좋은 지도를 갖추는 것은 단지 여행의 준비 과정일 뿐이네. 전국 여행을 떠나기 전에 어떻게 그곳에 도착해야 하는지를 분명히 알아야 한다네."

"맞아요. 지금까지 여행에 필요한 올바른 지도를 갖는 것에 대해 말했죠." 레이가 말했다.

"그렇지. 하지만 지도를 갖고 있다는 것과 어디로 가고 있는지 아는 것과는 전혀 별개의 것이라네. 일단 트럭에 올라타면 어떻게 목적지에 도착하는지를 반드시 알아야 하지. 어느 길이 가장 좋은 길인지, 아니면 어디서 방향 전환을 해야 하는지 지도를 보면서 찾아볼 수는 없는 것 아니겠는가. 사고란 그럴 때 나는 법이라구. 어느 길이 가장 좋은지 분명히 알고 있어야 한다네. 길을 숙지하는 것 외에, 짐이 있을 때는 선적도 확인해야 하고 그 밖에 여행에 필요한 것들이 준비되어 있는지 확인을 해야 하지. 장거리 운전에는 이것저것 필요한 것들이 많이 있으니까 출발하기 전에 준비를 다 해놓아야 하지. 바꿔 말하면, 짐을 실어야 한다는 것이네."

레이는 웰만큼 준비가 되기 전에는 절대 집으로 돌아가지 않겠다고 말하고 싶었다. 그는 마치 모든 것이 준비된 사람처럼 보였다. "그게 어떻게 당신을 더 훌륭한 설교자로 만들었죠?" 레이가 물었다.

"난 준비가 되기 전에는 사람들 앞에 서지 않아야 한다는 것을 배웠네. 무언가 말하기 위해서는 짐을 실어야 하지."

레이는 창 밖을 바라보았다. 이게 정말 새로운 방법일까? 설교자라면 누구라도 무언가 말할 것이 있기 전에는 사람들 앞에 서지 않아야 한다는 것쯤은 알고 있지 않을까?

"무엇을 실었겠는가?" 웰이 물었다.

"저도 몰라요. 다만 무언가 '실은' 것만은 확실한 것 같아요."

"자네도 그렇게 생각하지. 그렇지 않은가? 하지만 나는 많은 설교자들과 연사들이 단에 서서 마치 전화번호부를 읽는 것처럼 메시지를 전하고 있는 것을 보아왔다네."

"아, 설교 방식에 대해 말하려는 거군요." 레이가 말했다.

"아니네." 웰이 대답했다. "그 이상을 말하지. 나는 사람들이 메시지를 선포하는 것을 들어봤는데 그게 그들이 처음으로 말씀을 알게 된 순간이라고 맹

세하지. 난 그 메시지가 자신의 일부가 되고 스스로 그것을 자기 것으로 삼을 수 있을 정도로 내면화하는 것에 대해 말하는 거라네. 옛날에는 설교자들이 그 것을 '짐burden'이라고 불렀지. 그건 자네 안으로부터 오는 메시지고, 그제서야 자네는 단 위에 서서 그것을 전하게 되는 것이네."

"그러니까, 아무런 원고도 준비하지 않고 외워서 전하라는 건가요?"

"내 말은 자네가 원고 없이 외워서 전할 수 있을 때까지 그것은 자네의 메 시지가 아니라는 말이지. 자네는 자신이 어디로 가고 싶은지 알지만 그곳에 가 는 길을 자기 것으로 삼지 못한 것이네."

"윌, 저도 전에 메시지를 외우려고 시도한 적이 있어요. 하지만 그렇게 하 지 못했죠. 어떻게 말을 하면 좋을지 혼란스러웠고, 당황해서는 완전히 망쳐버 렸어요." 레이의 목소리에는 실패의 고통이 묻어나왔다.

"레이, 아이가 있는가?" 윌이 물었다.

"뭐라구요? 아, 네, 두 명이요."

"자네 여행 좋아하나? 휴가 때 가족끼리 여행을 가나?" 윌은 핵심을 지적 했지만 레이는 그게 무엇인지, 혹은 방금 이야기한 것과 무슨 상관이 있는지 종잡을 수 없었다.

"기회가 주어지면요." 레이가 조심스럽게 말했다. "우리는 이제 어디에 도착하죠?"

윌은 그 질문을 무시했다. "자네가 했던 여행 중에 가장 기억에 남는 여행 은 무엇인지 그리고 왜 그런지 말해보게."

레이는 어깨를 으쓱하고는 이야기를 풀어놓았다. "제가 제일 마음에 들었던 여행은 몇 년 전에 했던 여행이에요. 아내와 저는 아이들을 데리고 제가 어렸을 때 자란 곳으로 갔었죠. 사실 고향 사람들은 그곳에 더 이상 살지 않았어요. 그래서 그리로 가야 할 특별한 이유는 없었어요. 다만 그때 제가 사역을 쉬고 있었기 때문에 휴가를 길게 보낼 수 있었어요. 석 주 동안 그 시골에서 지내면서 우리 아이들에게 제가 그 아이들만 했을 때 어디서 살았는지를 보여줄 수 있었죠."

그리고 몇 분 동안 레이는 그 여행 이야기를 들려주었다. 그는 첫 여자 친구에 대한 이야기와 실패로 끝난 첫키스 이야기로 윌을 웃게 만들었고, 할아버지 산소에 갔던 일과 그 분이 레이의 인생에 끼친 영향을 이야기하며 눈시울을 붉히게도 만들었다. 그리고 레이는 이런 말로 이야기를 마무리했다. "제 생각에 그 여행에서 가장 좋았던 부분은 우리 아이들 눈에 떠오른 것들이었어요. 우리 아이들은 저도 옛날에는 자기들과 똑같은 희망과 두려움을 갖고 있던 아이였다는 것을 알게 되었죠. 여러 가지 면에서 그 여행은 우리 아이들의 마음을 열어주었어요."

"와, 정말 훌륭한 메시지였네, 레이. 그 이야기 원고 한 부만 얻을 수 있겠나?"

"원고요? 원고 같은 건 없다는 걸 아시잖아요."

"놀랍군. 그러면서도 자네는 기억하는 데 아무 문제가 없어 보였다네. 자네는 모든 사건들을 올바로 기억했을 뿐 아니라 그것들을 잘 구성해서 나를 웃기기도 하고 울리기도 했지. 난 자네 말을 듣고 아버지가 된다는 것이 그런 것이구나 하는 강한 깨달음을 얻었다네."

"하지만 그건 다른 거예요, 윌. 전 설교를 한 게 아니라구요. 전 그저 이야기를 들려주었을 뿐이에요."

"그리고 그 한 마디에 자네는 메시지를 내면화하는 비밀을 푼 걸세." 윌이 대답했다. "단 위에 서서 이야기를 들려주기 전까지 자네는 설교할 준비가 되지 않은 거네. 알다시피, 사람들은 이야기에 귀를 기울이지. 그리고 이야기는 사람들을 여행으로 인도하네. 그것이 자네가 어린 시절을 보낸 고향이든 아니면 삶을 변화시키는 진리든 자네를 그곳으로 인도하는 것은 바로 이야기라네. 그리고 자네는 자네가 그 이야기를 얼마나 쉽게 들려주었는지 기억하는가? 자네는 한 번도 더듬거린 적이 없다네. 중요한 부분을 잊어버리지도 않았고, 중요하지 않은 사소한 것들은 분명 생략했을 것이네."

"이를테면요?"

"음, 난 지금 전체적인 여행에 대해서는 들었지만 자네가 어떤 종류의 차를 운전했는지는 모르겠네. 그건 자네가 여행했을 때는 중요한 부분이었지만 지금 이야기에서는 그렇지 않은 셈이지."

"알았어요." 레이가 말했다. "그건 미니밴이었어요." 레이는 확실하지는 않았지만, 미니밴을 언급하는 순간 윌의 얼굴에서 미심쩍어하는 눈빛이 번뜩였다고 생각했다. 그는 엄연히 대형 트레일러 운전 기사였다.

"레이, 알다시피 이야기를 할 때는 외워서 하는 것이 어렵지 않다네. 하지만 이야기를 들려주는 대신 어떤 포인트를 전달하려 할 때 어려워지는 거지. 만일 자네가 차를 타고 집에 오면서 네다섯 가지 포인트를 갖고 있다면 그것을 하나도 잊어버리지 않는 것에 신경을 집중하게 될 걸세."

"그래서 하나의 메시지에 하나의 포인트만 갖는 것이 중요한 거죠. 그렇게 되면 오직 하나만 기억하면 되니까요." 레이가 말했다. "피트가 말하길 자네가 빨리 배운다더니! 분명히 중심 주제 이상으로 기억할 것들이 많이 있지만 그건 대부분의 설교자들이 생각하는 것보다는 적다네. 난 장거리 여행을 할 때는 어디가 내 종착지인지 알 뿐 아니라 내가 가야 할 주요 도로를 확실히 숙지하지. 그 노선을 확실히 기억해두기 때문에 길에 나서면 그 노선에 바로 진입하지. 내 일은 그 노선을 얼마나 잘 알고 있느냐에 달려 있지. 내가 본 대부분의 설교자들은 자신이 어디로 가고 있는지 거의 모르는 것처럼, 아니 아무 상관이 없는 것처럼 행동하더군."

"제가 당신이 생각한 것만큼 빨리 배우지 못한다는 것을 보여주는 것 같아 미안한데요, 월. 하지만 그럼 가장 큰 상관이 있는 것은 무엇인가요?"

"자네도 자기가 한 말을 기억하지 못하는데 어떻게 청중들이 자네가 한 말을 귀 기울여 기억하도록 기대할 수 있겠는가?" 월의 말은 레이의 가슴 깊이 새겨졌다.

"전 그런 식으로 한 번도 생각한 적이 없어요." 레이가 말했다.

월이 계속 말을 이었다. "자네가 단에 서서 원고도 없이 그리고 설교집도 보지 않고 설교할 때 그건 바로 '이것은 너무도 중요한 내 삶의 일부입니다. 그리고 나는 이것이 여러분의 삶에서도 일부가 되어야 한다고 생각합니다'라고 말하는 것과 같은 것이지."

"윌," 레이가 말했다. "제가 보통 선포하던 설교를 생각해보면 원고 없이 하는 것은 상상조차 할 수 없어요! 어떤 때는 개요가 바로 앞에 있을 때에도 힘들어요."

윌은 살짝 웃었다. "그것은 자네가 항상 개요를 사용했기 때문이지. 이제 자네에게는 좋은 지도가 있다네."

7장

꼭
필요한
연결

"레이, 자네가 오늘 오후 피트와 점심을 한 지도 벌써 한참 되었군. 간단히 저녁을 하도록 하지."

음식. 그 날은 모든 일이 너무도 급박하게 돌아가는 바람에 레이는 자기가 마지막으로 식사를 한 지가 몇 시간이, 거리상으로 몇 킬로미터를 지나왔는지 좀처럼 알 수가 없었다. "그렇게 말씀하시니, 조금 먹어볼게요. 트럭 운전사들이 늘 이용하는 기름진 저녁 식사를 좀 먹어볼까요?"

윌이 미소를 지었다. "자네 텔레비전을 너무 봤군, 레이. 길에서 물러나 은퇴하는 일이 주는 유익 가운데 하나는 더 훌륭한 곳에서 음식을 먹을 시간이 있다는 거지. 하지만 한번 먹어보기 전에는 절대 기사 식당의 문을 두드리지 말게나. 난 언제라도 근사한 커피 전문점에서 맛있는 저녁 커피를 마실 거네. 아무튼 근처에 근사한 스테이크 전문점을 알고 있다네. 그곳에는 자네에게 소개하고 싶은 사람이 있지. 우리가 어디를 향해 가든지 여기저기서 몇 차례 쉬기도 하지만, 이 트럭의 운전석이야말로 우리의 목적지라네. 피트는 우리가 함께 시간을 보냄으로써 자네가 유익을 얻을 거라고 생각했지만, 난 몇 가지 말도 안 되는 이유로 트럭 바퀴 뒤가 더 좋을 거라고 생각했다네." 어떤 것들은 정면에서 똑바로 보는 것보다 무언가를 통해서 보는 것이 더 정확히 보는 방법이 될 수 있다.

월이 주차장에 차를 대자 스테이크 전문점이 두 사람 모두를 반갑게 맞이하는 것처럼 보였다. 식당은 붐볐는데, 레이는 그것을 앞으로 일어날 일에 대한 좋은 조짐으로 보았다. 두 사람은 자리를 안내받고 모두 최상급 등심인 뉴욕 스트립을 주문했다.

"여기까지 온 것이 맛보기였다면 이제 네 번째 명령을 들을 준비가 되었네요." 레이가 말했다.

여직원이 샐러드를 가져오자 월은 짧게 식사 기도를 했다. 그리고 고개를 들어 포크를 들고 말했다. "청중과 호흡을 같이하라."

"뭐라구요?"

"그거야. 그게 네 번째지. 제대로 밥값을 하는 모든 트럭 운전사는 자기 짐을 안전하게 보관하는 법을 잘 알고 있지."

"그러니까, 물건을 묶어두라는 건가요?" 레이가 물었다.

"단순히 묶어두는 것이 아니지. 그 이상을 말하네." 월은 한입 가득 샐러드와 빵을 넣으며 말했다. "내가 트랙터 뒤에 30톤 분량의 가솔린을 실을 때는 그것이 나와 함께 있다는 것을 확인하기 위한 거지. 내가 하는 말이 무슨 뜻인지 알겠나?"

레이가 고개를 끄덕였다.

"무엇보다 먼저" 윌이 계속 말을 이었다. "짐을 목적지까지 도착하게 하는 것이 내 일이자 임무지. 그리고 두 번째로 만일 그 연결이 느슨해지면 위험해질 수 있다네. 이제 그걸 이야기해보세. 나는 설교자로서 내 짐이 안전하다는 것을 확실히 해야 한다네."

"그리고 당신의 짐을 안전하게 하는 것은 자신의 중심 포인트를 올바로 아는 것과 같은 것이구요, 그렇죠?" 레이는 자신이 잘 따라가고 있는 것같아 기분이 좋았다.

"잘했네, 레이. 중심 포인트는 자네가 가고자 하는 목적이지. 하지만 이 경우, 자네의 짐은 자네의 청중일세. 그래서 자네는 청중과 호흡을 같이해야 하는 것이네. 설교자인 자네는 자네가 어디로 가고 있는지 정확히 알고 있을 수 있지만, 만일 자네가 구름 가운데 방향을 잃고 청중들을 뒤로한 채 떠난다면 자네가 목적지에 도착하느냐 마느냐는 아무 의미가 없는 것이지. 자네는 청중들과 호흡을 같이해야 하고, 그들이 자네와 함께하는지 확인해야 한다네. 이것이 메시지 지도 가운데 첫 번째 '우리(WE)' 부분이네. 트럭 운전사인 나는 트레일러가 제대로 연결이 되어 있는지 확인을 해야 하지. 그것이 제대로 묶여 있어야 출발해도 좋은 거라네. 설교를 할 때는, 청중들과 정서적인 수준에서 호흡을 같이해야 한다네. 그래야 그들이 나와 함께하고 있다는 것을 제대로 알 수 있지."

"정서적인 수준이요?" 레이가 물었다. "당신은 큰소리로 외치는 사람이 아니잖아요. 그렇지 않은가요, 윌?"

"내가 큰소리로 외치는 사람으로 보이는가?" 윌이 부드럽게 물으면서 나이프로 둥글게 말린 고기를 잘랐다.

사실, 윌은 전혀 그런 사람으로 보이지 않았다.

"그럼, '정서적 수준'이란 무슨 의미죠?"

"자네는 청중들이 실제 필요로 하는 것들과 관련해서 그들과 연결이 되어야 한다네. 그건 그들이 현재 어떻게 느끼고 있는가 하는 것이지. 자네는 사람들이 자네 말에 귀를 기울이고 그 대답을 따르고 싶어하는 마음이 생기도록 그들이 과거와 현재와 미래의 필요를 인식하게 해주어야 한다네. 단순히 '나는 이 자리에 진리인 하나님의 말씀을 들고 섰으니 여러분이 할 일은 귀를 기울이는 것이오'라고 말하는 것으로는 부족하지. 오래전에는 그런 말이 효과를 볼 수 있었지만 요즘은 아니라네. 턱도 없지. 오늘날은 사람들에게 진리가 자신의 삶에 어떤 영향을 미치는지를 보여주어야 한다네."

"하지만 하나님의 말씀을 선포하고 그분이 보시기에 합당하게 그것을 사용하시도록 하는 것이 제 일이 아닌가요?" 레이가 물었다. "만일 그날 제가 준비한 본문이 우리에게 필요한 것들, 예를 들어 기도와 같은 것에 대해 말하고 있지만 정말 절실하게 필요한 것들에 대해 말하지 않는다면 어떻게 하나요? 저는 청중들 대부분이 기도를 해야 한다는 절실한 필요를 갖지 않을 거라고 생각하는데요."

"그렇지만 사람들은 인도하심에 대해, 평화에 대해, 환란을 당할 때 하나님의 뜻과 같은 일들에 대해 절실한 필요를 느끼고 있지." 윌이 대답했다. "자네는 기도 없이 그러한 필요들을 채울 수 있는가?"

"아니요." 레이가 조용히 대답했다. "그건 누구도 가능하지 않아요."

이런 생각에 빠져드는 동안 종업원이 나머지 음식을 가져다주었다. 스테이크 두 개와 구운 감자 등이었다. 배고픈 두 사람은 마치 마지막으로 음식을 먹은 것이 몇 시간 전이 아니라 하루 전이라도 되는 것처럼 음식을 향해 달려들었다. 입에 고기를 한 점 넣으며 윌이 말을 꺼냈다.

"레이, 난 메시지에 물을 타듯 적당히 해야 한다고 말하는 것이 아닐세. 전혀 그렇지 않아! 난 우리가 삶을 변화시키는 진리를 올바로 들고 그것을 변화될 준비가 되어 있는 사람들에게 확실히 적용해야 한다고 말하는 것일세. 그건 그들이 변화를 원하고 있다는 사실을 그들에게 일깨워주어야 할 필요가 있을 수 있다는 거지."

"어떻게요?" 레이가 물었다. "우리가 어떻게 사람들로 하여금 그렇게 느끼게 하죠?"

"긴장감일세." 윌이 대답했다. "우리는 긴장감을 만들어내야 한다네."

"전 제가 이 일에 전문가가 아니란 것을 알아요. 하지만 전 오랫동안 사역을 해왔고, 그래서 우리의 일은 긴장감을 풀어주는 것이지 그것을 만들어내는 것이 아니라고 생각해요."

윌은 웃었다. "자네 말이 옳을 수도 있지. 그렇지만 없던 긴장 상태를 만들어내라는 것은 아니네. 그들이 이미 느끼고 있던 긴장감을 일깨워주라는 뜻일세. 그건 그들이 원래 예정되어 있는 그런 남편이나 아내 혹은 부모가 되기 위해 노력하는 그런 긴장감이지. 나는 그들에게 자신의 삶 가운데 존재하는 약점을 보라고 도전하고 이렇게 질문하지. '그럼 난 그것과 관련해 무엇을 해야 하는가?' 만일 내가 그들을 그 자리까지 인도할 수 있다면 목적지에 절반은 도착한 걸세. 사람들에게 그 질문에 대한 답을 기다리게 만들었다는 것은 그들을 메시지의 끝에 도착시켰다는 것과 같은 거지. 난 내 짐을 안전하게 지켰고 그것을 잃어버릴까 걱정할 필요가 없는 거지."

"그렇죠. 하지만 목적지에 도착한 후에는 더 잘 전달할 수 있을 텐데요." 레이가 말했다.

"자네가 맞네. 바로 그것 때문에 우리가 청중들과 호흡을 같이하는 것에 대해 이야기하는 것일세. 청중들을 사로잡을 수 있는 또 하나의 방법은 사물을 여태까지 보지 못했던 새로운 방식으로 보게 하는 것일세. 자네에게 소개해주고 싶은 사람이 있네."

윌은 그 말을 하고 자리를 떠났다가 잠시 후 다른 사람과 함께 돌아왔다. "레이, 이쪽은 래리 웨인 Larry Wayne 이네. 이 친구는 이 멋진 가게를 소유하고 있는 주인이라네." 래리 웨인은 윌과 비슷한 나이로 보였지만, 그의 넉넉한 허리선은 그가 자기 가게의 음식을 즐기고 있다는 것을 보여주고 있었다.

"만나서 반갑네, 레이." 래리가 말했다. "윌의 친구는 누구든 내 친구지."

"래리는 몇 년 전에 이 식당을 세웠지. 하지만 30년 동안 베가스, 르노,

애틀랜틱 시티 같은 도시의 고급 식당에서 일했지." 이 말을 들은 레이의 눈이 둥그레졌다. "나는 그가 출연하는 도시를 지나갈 때면 항상 그를 만나기 위해 들렀다네."

"당신은 가수인가요?" 레이가 물었다.

"뭐라고?" 래리가 농담을 건넸다. "내가 댄서처럼 보이지 않는다는 건가? 하하 농담일세 레이. 난 그냥 서 있는 사람이라네."

"래리는 이 계통에서 모두가 인정하는 최고의 코미디언이라네. 내가 자네를 래리와 만나게 해주고 싶었던 것은 청중과 연결된다는 분야에서 그가 최고이기 때문이라네."

"그럼 자네는 연예인인가, 레이?" 래리가 물었다.

"저요? 아, 아니에요. 전 연예인이 아니에요. 전 사역을 하고 있어요." 레이가 거의 변명조로 말했다. 이건 레이가 늘 두려워하던 일이었다. 그는 언제나 사람들에게 자기가 무슨 일을 하는지 말할 때는 마치 사람들이 자기를 '종교적인 사람'으로 분류하는 것 같은 느낌을 받았다.

"와 대단하군." 래리가 말했다. "윌은 20년 전에 날 그리스도인으로 인도했지. 그래서 난 그에게 뭐든 주고 싶다네."

"그리고 그 때문에 난 이 친구와 만날 때면 항상 최고급 스테이크를 주문하지." 윌이 웃으며 대답했다.

"하지만 잘 듣게 레이." 래리가 말했다. "자신이 연예인이 아니라고 생각하지 말게나. 만일 자네가 설교자라면 자네는 나와 똑같은 연예인일세. 자네가 이 사실을 일찍 받아들일수록 현명한 거라네."

"왜 그런 말을 하시는 거죠?"

"자네나 나나 사람들에게 우리의 말을 들어서 기쁘다고 생각하도록 확신을 심어주는 삶을 살고 있지." 래리가 말했다.

"전 한 번도 그런 식으로 생각해본 적이 없는 것 같은데요."

"자네는 자신을 코미디언처럼 생각하는 법을 배울 필요가 있네 레이." 윌이 말했다.

"당신은 제가 사람들 앞에서 우스갯소리를 하기 원하세요?" 레이가 정색을 하며 물었다.

"자네가 흥미 있다면 말일세!" 래리가 웃었다. "하지만 진지하게 말해서, 자네가 농담을 할 필요는 없지. 어떤 사람은 그런 일에 재주가 많고, 또 어떤 사람은 여기 있는 윌과 비슷하지."

"이봐요, 전 그런 모욕을 들으러 여기 온 게 아니라구요."

"그렇지, 자네는 내 스테이크를 먹으러 왔지. 레이, 자네는 사람과 상황을 관찰해 보는 사람이 될 필요가 있다네. 난 사람들 앞에 설 때마다 그들과 통할 수 있는 방법을 끊임없이 찾는다네. 그건 그날의 날씨일 수도 있고, 아니면 뉴스 가운데 어떤 기사일 수도 있고, 심지어 어떤 숙녀가 쓰고 있는 재미있는 모자일 수도 있지. 나를 도와줄 수 있는 것이라면 무엇이든 그 첫 번째 연결고리가 되지. 자네의 청중들은 자네와 정기적으로 만나고 있기 때문에 이미 서로 연결이 되어 있는 거지. 그렇기 때문에 곧바로 그날의 핵심으로 들어갈 수 있는 거라네."

"나(ME)를 우리(WE)로 만드는 모든 것이라구요?" 레이가 윌을 바라보며 말했다.

"바로 그거네. 자네의 목표는 연결되는 거야. 내가 래리 같은 코미디언을 보면서 배운 또 하나는 회의론자가 되는 것의 유익이라네."

"회의론자요?"

래리가 자리에 앉아 레이와 이야기하기 시작했다. "알다시피, 회의론자는 현상황에 의문을 제기하지. 그들은 다른 사람들과 전혀 다르게 사물을 바라보지. 청중들이 전에 한 번도 보지 못했던 방식으로 사물을 바라보게 만드는 것이 코미디언으로서의 내 임무라고 생각한다네. 나는 사람들이 삶 가운데 일어나는 일상적인 것들에서 웃음을 짓게 한다네. 자네 직업은 신자든 불신자든, 남자든 여자든, 젊은이든 노인이든 모든 관점에서 성경의 진리를 바라보게 하는 것이지. 일단 이 일을 하게 되면 자네는 자네의 청중들이 묻고 있는 질문을 묻고 대답할 수 있다네. 그러면 자네는 연결이 된 거지. 레이, 자네도 알겠지만, 우리는 통해야 하는 사업을 하고 있다네. 우린 서로 다른 목적으로 연결되지만 궁극적으로 우리의 성공은 사람들이 우리와 함께 호흡을 하느냐 아니냐에서 오는 것이지. 내게 문제가 되는 것은 몇 가지 웃음뿐이지만, 자네의 현안은 훨씬 더 고상한 것이라네."

레이는 자리에 앉아 윌과 래리가 베가스와 애틀랜틱 시티에서 있었던 지난날을 회상하는 것에 귀를 기울였다. 그리고 그 이야기에는 너무나 훌륭한 예화들이 담겨 있었기 때문에 녹음기가 있었으면 좋겠다는 생각을 했다. 저녁이 끝날 무렵 래리는 그의 테이블에 아무 계산서도 가져오지 못하게 했다. 월과 레이는 식당을 떠나 트럭 운전석으로 돌아가 고속도로를 향해 출발했다.

두 사람이 아무 말 없이 운전하는 동안 과식이 효과를 내기 시작했다. 날은 어두워졌고 레이는 몹시 졸렸다. "우리 이렇게 밤새 운전하고 갈 건가요, 아니면 차 안 어딘가에 잠잘 곳이라도 있나요?"

"자넨 눈붙일 준비가 됐는가, 레이?"

"작은 곳이라도 좋으니 근처에 호텔이 있으면 얼마든지요."

그 말에 월은 거세게 트럭을 몰았고 레이는 조수석 문쪽으로 내동댕이쳐졌다. 그의 머리가 쿵 하는 소리와 함께 유리창에 부딪혔고, 차가 진출입 램프로 빠져나가는 동안 타이어는 끼이익 하는 굉음을 냈다. 평소에는 세심했던 운전자의 갑작스러운 행동에 깜짝 놀란 레이는 고함에 가까운 소리를 질렀다. "월, 도대체 무슨 일이에요?"

월은 묵묵히 앞만 보며 말했다. "다섯 번째 명령의 마지막 핵심이네."

"다섯 번째 명령이요?" 레이가 말했다. "머리를 부딪혀서 다섯 가지 명령은 고사하고 제 이름이라도 제대로 기억할 수 있으면 다행이겠어요."

"오, 이런. 자네 연기도 잘하는군. 난 자네 부친뻘이나 되는데도 머리를 부딪히지 않는데 말일세."

레이는 월의 태도를 믿을 수가 없었다. 애틀랜타 출신의 이 나이든 트럭 운전사에게 무슨 일이 일어난 것일까? 솔직히 말해 레이는 월의 갑작스런 행동에 상처를 받았다기보다는 놀랐다. 트럭은 고속도로를 벗어나 한 호텔의 주차장에 접어들었다.

"여기 괜찮겠는가?"

"이 호텔은 근사하지만 제 머릿속에 뒤얽힌 실타래를 풀기 위해서는 설명이 필요하겠어요."

"설명이라고? 운전은 내가 하고 있었기 때문에 우리를 호텔로 데려가는 것은 내가 맡은 부분이라고 생각했다네. 게다가 내가 말한 것처럼, 난 자네보다 나이가 많은데도 머리를 찧지 않았다네."

"그건 당신은 우리가 어디를 가고 있는지 저보다 더 잘 알고 있었기 때문이잖아요! 당신은 급회전을 할 준비가 되어 있었고, 전 아니었어요."

"그랬다니 재미있군. 그렇지 않나?"

"좋아요. 그러니까 여기서 몇 가지 핵심을 얻어야 한다는 거군요, 그렇죠? 이봐요 윌, 전 당신이 커뮤니케이션, 운전, 여행 그리고 코미디언과 관련된 어딘가에 가고 있다는 것을 알아요. 그리고 전 여태 잠도 못 자고 있구요."

"알았네. 그 정도면 됐어. 자네는 방금 엄청난 발언을 했네, 레이."

"제가요?"

"그렇고 말고. 그리고 그건 모든 설교자들이 그것을 기억하는 데 도움을 줄 걸세."

"혹시 차 안에서 머리를 부딪힌 걸 말씀하는 건 아니겠죠?"

"그것과는 아무 관련이 없네. 아무튼, 그 부분에 대해선 미안하네. 그런 일이 일어나리라고는 생각지도 못했네. 난 그저 하나의 핵심을 기억하게 하려고 했던 것일세."

레이는 자기 머리에 아무 이상이 없으며, 월이 말하고자 한 핵심이 무엇이든 결코 잊어버리지 않을 것이라는 사실을 인정했다.

월이 계속 말했다. "몇 분 전에 자네는 내가 그렇게 급회전을 했는데도 머리를 부딪히지 않았던 것은 우리가 어디로 가고 있는지를 내가 알고 있었기 때문이라고 지적했네. 난 급회전을 할 준비를 했던 거지. 트럭 운전사인 나는, 아니 어떤 종류의 운전을 하든 사람들이 우리를 따라올 때가 있게 마련일세. 어떤 때는 사람들이 어딘가 가기 위해 우리를 따라오고, 어떤 때는 어쩌다 우연히 길에서 우리 뒤에 있게 되기도 하지. 어느 경우든, 이 사람들은 우리가 언제 방향을 전환하거나 옆길로 가게 될지 전혀 알지 못한다네. 그것을 알게 되는 것은 전적으로 우리에게 달려 있지."

"그래요." 레이가 대답했다. "그럼 그때 당신은 어떻게 하죠?"

"바로 그 질문을 자네에게 되묻겠네. 자네는 누군가 자네를 따라오고 있는데 자네가 방향을 전환하고자 할 때 어떻게 하는가?"

"방향 지시등을 사용하죠. 그리고 속도를 늦추고, 백미러로 그 사람들이 저를 잘 따라오는지 계속 주시하면서요."

"바로 맞았네, 레이." 월이 미소를 지으며 말했다. "청중들과의 관계를 계속 유지하는 비결 가운데 하나는 회전할 때 속도를 늦추는 거라네."

"솔직히 말해, 유리창에 머리를 부딪히고 나서 곧바로 그런 생각이 떠올랐어요. 왜 이 분이 급회전을 하면서 속도를 줄이고 내게 알려주지 않았을까?"

"맞아, 좋은 질문이네. 이제 그것을 강연과 설교의 영역으로 옮겨서 생각해보세. 자네는 설교자니까 그 공간 안에서 그 여행이 앞으로 어디로 가게 될지를 알고 있는 유일한 사람이라네. 자네는 인도자이고 모든 사람은 자네가 보내는 신호만을 예의주시하고 있지. 잊지 말게, 레이. 자네가 설교를 여행으로 보고 그 여정에 필요한 정보를 지도에 표시한다면 그 안에는 급커브 길과 방향을 전환해야 하는 지점이 항상 나올 걸세. 하지만 그 안에는 방향을 전환해야 한다는 사실을 알려주는 이정표가 들어 있다네. 이것은 나(ME)에서 우리(WE)로 그리고 우리(WE)에서 하나님(GOD)께로 그리고 그 밖의 전체 메시지 지도 안에서 나타나는 여러 가지 전환점이라네.

설교로 말하자면, 자네와 나는 그런 것들을 전환점이라고 부르는데, 바로 우리가 그 메시지의 한 측면에서 다른 측면으로 옮기는 부분이지. 그런 지점에 도착하게 되면 자네는 내가 방금 전에 한 것처럼 급회전을 하거나 아니면 청중들에게 곧 전환점이 올 것이라는 사실을 말로나 아니면 그 밖의 신호를 통해 알려주거나 둘 중의 하나를 택해야 하지."

"그리고 제가 경험한 바에 의하면, 사람들에게 앞으로 어떤 길이 나올지 알려주는 것이 좋을 거라는 거구요." 레이가 머리에 난 상처를 문지르며 말했다.

"그보다 더 나빠질 수도 있다네." 윌이 말했다. "난 설교를 하면서 그런 급회전을 하다가 사람들을 문 밖으로 내몰아 다시는 돌아오지 않게 만든 사람들도 본 적이 있다네."

"그 신호는 뭘까요, 월? 강대상에 깜빡이라도 부착해야 할까요?"

"만일 자네가 아직도 강대상을 사용한다면 그게 필요할 수도 있지."

"당신은 강대상에 대해 무슨 반감이라도 갖고 계신가요?"

"아니, 그런 것은 아니네만… 그래, 사실 난 강대상이 마음에 들지 않네. 난 강대상이 설교자를 청중들로부터 소외시키는 경향이 있다고 생각하네. 그리고 강대상은 자네가 그 공간을 자네에게 맞게 활용할 수 있는 가능성을 제한하지."

"공간이라구요?"

"바로 그거네." 월이 말했다. "강대상은 보통 강단 위의 공간을 전부 차지하고 있지. 그래서 그 위에서 몸을 움직일 공간적인 여유가 없지. 몸으로 전하는 비언어적인 단서는 사람들에게 자네가 방향을 전환하고 있다는 것을 알려주는 유용한 표시가 될 수 있다네. 자네는 특정한 장소로 가서 그곳이 새로운 개념을 제시하려는 뜻임을 보여줄 수 있지. 만일 자네가 설교 시간 내내 강대상 뒤에 서서 원고만 내려다보고 있다면 그런 가능성을 상실하고, 그런 대안들을 박탈당하게 될 걸세."

"그건 메시지를 내면화하라는 말과 같은 거군요." 레이가 의견을 말했다.

"바로 그렇네. 그렇지만 메시지를 내면화하고도 강대상 뒤에 숨어버리면 무슨 좋은 일이 있겠는가?"

"전 그걸 숨는다고 생각해본 적이 없어요."

"그렇지." 월이 말했다. "그렇지만 자넨 인정해야 하네. 그건 자네가 사람들을 분리시킨다는 인상을 준다네. 그건 비언어적인 신호라네. 더 중요한 것은 사람들에게 이제 방향을 전환할 때가 되었다는 것을 알려줄 언어로 보내는 단서지. 옛날이라면 사람들은 마치 보고서를 읽듯이 그저 '두 번째 요점은…'이라고 말했겠지."

레이는 미소지으며, 그 '옛날'이라는 말에 자신이 지난주에 했던 설교가 포함되어 있다는 것을 말하고 싶지 않았다. 레이는 설교를 하면서 네 가지 요점을 빠르게 짚어나가던 장면을 기억했다. 그는 그때 방향 전환에 대해 그다지 중요하게 고려하지 않았다. 그런 것은 빈칸 채우기식의 설교가 지향하는 것이라고 생각했다.

"좋아요, 강대상에는 깜빡이가 붙어 있지 않아요. 그리고 강대상도 필요 없어요! 그럼 말로 신호를 보내는 가장 좋은 방법은 무엇인가요?" 레이가 호기심에 가득한 눈으로 물었다.

"자네가 만든 지도의 한 구역에서 다른 구역으로 인도해줄 방향 전환 문장을 조심스럽게 만드는 것이지." 윌이 대답했다.

"예를 들어주세요."

"음, 만일 내가 우리 부분에서 하나님 부분으로 이동한다고 치면, 난 이런 식으로 말할 걸세. '비록 우리가 이런 문제에 직면하고 있지만, 하나님의 말씀이 그것에 관해 무언가를 들려주고 있다는 것은 너무나 놀라운 일 아닙니까?' 이건 아주 간단한 예이고, 평소에는 더 많은 것을 사용하지. 그렇지만 최소한 나는 그 순간의 긴장을 성경의 다음 부분과 연결짓는다네."

레이는 이 부분을 다시 생각해보았다. 내가 설교를 하면서 사람들의 머리를 유리창에 부딪히게 하거나, 강대상 밖으로 떨어지게 한 적이 몇 번이나 될까? 그렇지만 솔직히 말하면, 몇몇 사람을 강대상 밖으로 떨어지게 하는 것은 그렇게 나쁜 일인 것처럼 들리지 않았다.

"레이, 알다시피 이것은 또한 전체 예배 가운데 적용된다네. 내가 드린 예배 가운데 음악이나 알림말, 설교 그리고 다른 요소들이 각기 따로 노는 경우를 수없이 보았네. 그 앞이나 뒤에 어떤 것이 오는지를 알려주기 위해 선택된 방향 전환을 알려주는 간단한 멘트나 음악이 그 예배를 참고 견뎌야 하는 시간이 아니라 언젠가 경험했던 것 같은 친근감을 줄 수 있다네."

레이는 트럭의 편안한 좌석에 몸을 뒤로 기댄 채 생각했다. '그러니까 만일 내가 그런 일을 했다면 어떻게 되었을까?' 그리고 이렇게 말했다. "만일 제가 방향 지시등을 사용한다면 사람들을 길 옆 어딘가에 떨어뜨리지 않고 그 여행의 다음 이정표로 데려다주었을 거예요. 그리고 그렇게 되면 제가 청중들과 호흡을 같이 하는 데 도움이 될 거구요. 제 말이 맞나요?"

"맞는 말일세." 윌이 말했다. "그리고 만일 이 호텔이 자네 마음에 들면 오늘 밤 여기서 머물도록 하지."

레이와 윌은 체크인을 했고, 윌은 자기 방으로 들어가기 전에 레이에게 이렇게 소리쳤다. "아침은 오전 7시 30분 정각일세. 늦지 말게."

윌의 목소리는 레이에게 차라리 트럭 운전석에서 자는 것이 어떨까 하는 생각이 들게 했지만, 어느새 레이는 108호실의 푹신푹신한 침대에 눕고 말았다. 그리고 그는 수화기를 들어 샐리에게 자신의 놀라운 여행에 대한 이야기를 들려주었다. 그는 아내에게 월과 일곱 가지, 아니 최소한 현시점에서 자신이 들은 다섯 가지 명령에 대해 말해주었다. 그는 아내에게 내일은 분명히 돌아갈 수 있을 거라고 말했지만 그럴 수 없을지도 모른다는 생각을 했다. '잘 자, 여보'와 '사랑해'로 이어지는 부부 통화의 2회전을 마치고 레이는 시계 알람을 맞추고 잠이 들었다.

8장

정체를
밝혀라

레이는 그 어느 때보다 깊은 잠에 빠졌다. 이 설교의 터널 끝에는 빛이 있을 거야. 레이와 윌은 즉시 차를 타고 도로로 나섰고 아침 먹을 곳을 찾았다. 차를 탄 채로 식사를 할 수 있는 식당은 신속하고 친절했으며, 그들은 이내 다시 도로로 접어들었다.

"커피 맛이 어땠나?" 윌이 물었다. 레이가 만족하다는 듯이 고개를 끄덕였다. "그 식당에는 사람을 끌어당기는 무언가가 있지. 멈출 필요가 없을 때는 많은 시간을 낼 수 있다네."

"멈추는 것에 대해서라면 말이에요, 윌, 우린 지금까지 다섯 가지 명령을 알아봤고, 아직 두 가지가 남았어요. 그러니 아직은 멈출 수가 없어요."

"우선 식사하는 것부터 멈추고 싶지 않은가?"

"전 한 번에 여러 가지 일을 할 수 있는 사람이에요."

"그렇군, 레이. 다음 명령은 자네에게 아무 문제가 없는 그런 것이라네."

"아, 그건 시간과 관련된 것이군요!" 레이가 끼어들었다.

"그래서는 안 되는데, 어쩔 수 없군."

"아 좋아요."

"레이, 저쪽에 있는 트럭 보이나?" 윌이 북쪽으로 향한 고속도로에 있는 거대한 트레일러를 가리켰다.

레이는 중앙분리대를 가로질러 건너편에 있는 바퀴 18개가 달린 거대한 흰색 트레일러를 바라보았다. "예, 저렇게 큰 게 보이지 않을 리가 없죠."

"저건 피터빌트 379 EXHD라네. 방금 전에 지나간 것은 볼보 WG64T이고, 그 전 것은 맥 CH6113이지."

레이가 다시 말을 끊었다. "그래서 이번 명령은 영화 레인맨에 나오는 것처럼 트레일러 알아맞히기식인가요?"

윌은 웃음을 터뜨렸다. "아닐세, 그렇지 않아. 하지만 그것도 내가 말하고자 하는 것에 대한 좋은 예가 될 수 있지."

"어떤 예인데요?"

"여섯 번째 명령은 '자신의 목소리를 찾으라'일세." 윌이 말했다. "난 지난 40년 동안 켄워스Kenworth만 몰았다네. 난 여러 가지 모델의 서로 다른 색상의 트럭을 운전해봤지만 그건 모두 켄워스였어. 그리고 켄워스 광팬으로서 난 맥이나 볼보, 혹은 그 밖의 다른 트럭을 모는 것은 생각조차 해보지 않았네. 그렇다고 다른 트레일러에 무슨 문제가 있다는 것은 아니고. 사실 그 트럭들에는 근사한 부분도 있지. 다만, 난 켄워스를 운전했고 지금도 운전하고 있다는 것이지."

"마치 포드와 시보레에 대해 열변을 토하는 자동차 광팬인 제 친구랑 같네요."

"마찬가지. 시보레 팬은 포드를 타느니 차라리 죽는 게 나을 거고, 또 그 반대도 성립하지."

"저도 알아요."

"정말인가?"

"아니요. 농담이에요. 이게 여섯 번째 명령과 무슨 관계가 있는지 도통 모르겠지만, 재미는 있네요. 주로 트럭 운전사와 관계된 것 같지만요. 하지만, 어쩐지 제 손으로 진홍빛이 선명한 소고기를 먹고 싶다는 생각이 드네요."

윌이 웃음을 터뜨렸다. "또 나오는군."

레이가 고개를 들었다. "어디요, 무슨 트럭이죠?"

"아니, 레이. 자네의 유머 감각 말일세. 자넨 정말 재미있는 친구야. 자네 말의 절반은 유머로 되어 있군. 문제는 내가 자네에 대해 잘 알지 못한다는 것일세."

레이가 헷갈린다는 듯한 표정으로 윌을 바라보았다. "제가 무언가를 빠뜨리고 있을 수도 있죠. 하지만 우린 어제 처음 만났잖아요."

"사실은 그렇지 않네." 윌은 다시 한 번 손을 뻗어 대시보드 위의 글러브 박스를 열었다. 그리고 그 안에 손을 넣어 카세트 테이프를 한 움큼 꺼냈다. "자네 잊었군, 레이. 난 자네가 날 알기 훨씬 전부터 자네를 알고 있었다는 것을 말이야."

"그래요 월. 하지만 그건 진짜 제가 아니에요. 그건 제 설교죠." 레이는 이 말이 자기 입에서 나오는 순간 자기가 무슨 말을 하고 있는지를 깨달았다. "그러니까 제 말은, 그건 저의 일부라는 거죠. 물론 그러니까, 제가 말하는 것은 설교를 듣는 것은 한 사람과 대화를 하는 것과 다르다는 거예요."

"만일 자네가 사람에게 말을 하는 것이 아니라면 누구에게 혹은 무엇에게 말을 했다는 건가?"

"물론 저는 사람에게 말을 했죠. 하지만 그건 설교예요. 아시잖아요." 레이는 누구나 알고 있다고 생각하는 것을 설명하려고 고심했다.

"레이, 자네는 사람에게 말하지 않았네. 자네는 사람을 향해 말을 했지. 그리고 거기에는 커다란 차이가 있어." 월은 도로 전방에만 신경을 쓰는 것처럼 보이면서 눈이 마주치는 것을 분명히 피했다. "더 나쁜 것은 사람을 향해 말한 것은 자네만이 아니라는 거지. 그건 매우 진지한 그리고 유머 감각이라곤 전혀 없는 다른 친구라네. 이런, 레이, 자네 목소리마저 변했군. 내가 자네를 만났을 때 얼마나 기쁘고 놀랐는지 말로 할 수 없었다네. 자네의 설교를 들은 뒤에 나는 며칠은 고사하고 몇 시간만이라도 자네와 함께 시간을 보냈으면 하는 생각을 했다네."

레이의 머릿속이 회전하기 시작했다. 월은 트럭을 후진하고 짐을 버리기로 결정하면 조금도 망설이지 않아. 이 모든 것이 사실일까? 난 사람들을 향해 말을 하고 있었던 것일까? 물론 난 사람들을 행해 말을 했지. 난 설교를 했으니까! 설교자들은 사람들을 향해 말을 해. 그게 그들이 하는 일이니까. 그들은 오랜 세월 동안 그렇게 해왔어. 그건 당연한 건데, 그것에 손을 댈 수 있다고 생각하고 있는 이 트럭 운전사는 도대체 누굴까? 레이는 혼자서 이런 생각을 해보았다. 그리고 윌이 침묵을 깨뜨릴 때까지 아무 말없이 있었다.

"레이, 자네 아직 거기 있나?"

"잘 모르겠어요, 윌. 여기 있다고 생각하지만, 누군가 다른 사람이 말하는 것 같고, 전 그저 제가 여기 있다고 생각하는 것만 같아요." 레이의 감정이 여전히 상처를 받은 것이 분명했다.

"이보게나, 난 이 일이 그렇게 쉽지 않을 거라고 말했었지."

"전 당신이 말한 것이 새로운 학습 기법을 배우는 것이라고 생각했지, 제 자신이 아닌 다른 누군가가 되는 거라고는 생각하지 않았어요."

"바로 그거네, 레이. 자네는 이미 자네가 아닌 누군가가 되는 법을 배웠다네. 나는 자네가 바로 자네 자신이 되기를 바라네. 난 자네가 운전하기 위해 태어난 그 트럭을 운전하기를 바라네. 바로 자기 음성을 찾는 것이지. 난 자네가 사람들 앞에 서서 바로 자네가 되기를 원한다네. 그건 정말 너무 간단한 걸세. 자네는 재미있는 사람이야. 자네는 따뜻하고 친절하고 깜짝 놀랄 만큼 재치가 넘치는 사람이야. 자넨 분명히 사람들을 엄청 사랑하고 있고, 난 자네가 그들에게 베풀 것이 많이 있다는 것을 알고 있네."

레이는 방금 포옹이 오고 간 것인지 확신이 서지 않았지만, 자신과 윌 사이에 형성된 어떤 끈끈한 정에 감사했다. 레이는 윌이 옳다는 것을 알았다. 문제는, 자신이 그 문제에 대해 무엇을 해야 하는지 모른다는 것이었다. 그는 무엇을 해야 할지 찾기 위해 윌을 찾아왔는데, 이제 그 해답은 자기 자신이 되라는 것이란 말인가?

"잠깐만요." 레이가 말했다. "만일 제가 제 자신이 된다면 왜 제가 여기서 당신의 커뮤니케이션 방법을 배워야 하는 거죠?"

"타당한 질문일세. 내 목표는 자네에게 강연 스타일을 전해주거나 자네를 내 복제품으로 만들려는 것이 아닐세. 내 목표는 자네로 하여금 단 위에 서서 말씀을 전할 때 자기 자신이 될 수 있도록 몇 가지 사실을 전해주는 것일세. 이것은 사람들에게 설교를 전하는 것이 아니라 사람들을 여행으로 인도하는 일의 장점이지."

"예, 알았어요. 무슨 말인지 알 것 같아요."

"자네는 앞에서 자네가 가족과 함께 보냈던 휴가에 대해 말했던 것을 기억하나?" 레이가 고개를 끄덕였다. "그게 바로 이야기였네. 게다가 멋진 이야기였어. 자네 이야기는 아주 훌륭했네. 그것은 재미있고 신나고 곳곳에서 감동을 주었다네. 자네는 그 시간 내내 내 관심을 사로잡았다네. 레이, 자네는 훌륭한 이야기는 어떻게 하는지를 확실히 알고 있다네. 자네가 해야 할 일은 단에 서서 자네 이야기를 들려주는 것일세. 대부분 자네는 3인칭의 시점에서 설교를 한 것처럼 보이네. 자네는 다른 사람들에게 일어난 일들 그리고 다른 사람이 말한 것들에 관해 이야기했지. 그건 사람들이 설교 원고를 작성할 때 생기는 문제점 가운데 하나라네. 그 사람들이 무언가를 읽고 있는 것처럼 들리는 것은 실제로 그들이 무언가를 읽고 있기 때문일세. 청중들은 자네가 그들에게 들려주는 것을 들을 필요가 있다네."

"저도 그와 동일한 문제를 물어보고 있었어요. 하지만 어떻게 하면 그렇게 할 수 있는 거죠, 월?"

"자네와 나는 어제부터 이 트럭에 앉아서 대화를 계속하고 있지. 자네는 자네 사람들과 대화를 계속할 필요가 있어. 자네는 의자를 끌어당기고 앉아 자네가 다루고자 하는 다양한 주제들에 대해 이야기를 나누어야 하네."

"하지만 대화는 양방향으로 진행되는 거잖아요?" 레이가 반격했다. "그렇다면 설교 시간에 사람들이 질문하고 자기 의견을 말하도록 개방시켜야 한다는 건가요?"

"음, 그렇게 하면 분명 사람들이 호흡을 같이하는 것이 되겠지." 월이 말했다. "하지만 그 방법은 추천하고 싶지 않네. 자네는 자네의 청중들이 제기할 만한 질문을 제기하고 이어서 그 해답을 제시함으로써 그들과 대화를 지속할 수 있네. 자네가 그들에게 말을 하도록 요청하는 것이 아니라, 그들이 그곳에 있다는 것을 인정하라는 것일세. 이 점은 '나–우리–하나님–당신–우리'에서 다루었지. 난 자네가 나를 비롯한 다른 어떤 설교자를 본따서 그와 비슷하게 하는 것이 아니라 자네 스스로 그 지도를 잘 따를 수 있다고 믿기를 바라네."

"다른 설교자요?" 레이가 물었다.

"레이, 많은 설교자들이 갖고 있는 문제 가운데 하나는 그들이 항상 똑같은 설교자의 설교를 듣는다는 점일세. 그들은 저마다 좋아하는 설교자가 있어서 그 사람들의 설교에 너무 많이 귀를 기울이는 바람에 마치 그 사람들처럼 설교하기 시작한다네. 척 스윈돌Chuck Swindoll, 찰스 스탠리Charles Stanley, 롭 벨Rob Bell 과 같은 사람들이 바로 그런 사람들이지. 중요한 것은 자네가 여러 다양한 사람들의 말에 귀를 기울여야 한다는 것일세. 다양한 생각에 노출되어야 할 뿐 아니라 한 가지 특정한 스타일에 지나치게 영향을 받아서는 안 된다는 말일세. 잊지 말게나. 목표는 자기 자신의 모습을 완성하는 것임을."

월은 잠시 말을 멈추고는 이 젊은 목사를 흘끗 바라보았다. "그렇지만 자네가 가능한 많이 귀를 기울이면 좋을 한 사람이 있다네."

레이의 마음은 황금의 목청을 가진 웅변가가 모여 있는 명예의 전당 안을 재빨리 훑어보았다. 누구를 의미하는 것일까? 모든 사람이 본받을 만한 모범적인 인물은 누구일까?

"자네가 반드시 귀를 기울여야 할 설교자는 바로 자넬세." 월이 말했다.

'피트가 당신을 여기까지 인도했겠죠.' 피트가 언젠가 레이에게 먼저 자기 자신의 말에 귀 기울이는 것부터 시작하라고 했던 충고가 기억났다.

월이 계속 말했다. "자네는 앞으로 모든 메시지에 귀를 기울여야 할 걸세. 그리고 자기 자신의 음성을 들을 때까지 분석적이고 주의 깊게 귀를 기울여야 한다네."

"제 목소리라는 것은 제 스타일을 말하는 건가요?"

"내 말은, 자네를 비롯해 자네 말을 듣고 있는 모든 사람들이 자네가 바로 자네인 것을 인식할 때를 의미하네. 그리고 일단 그것을 발견하면 다시는 잃어버리지 않도록 계속해서 귀를 기울여야 하지. 그리고 비디오 카메라를 설치할 수 있으면 더 좋다네. 자신이 말하는 모습을 보면서 얼마나 많은 것을 배울 수 있을지 알면 깜짝 놀랄 걸세."

"잘 모르겠어요 윌. 전 이 점에 대해 당신에게 동의해요. 다만 어떻게 시작하면 좋을지 모르겠어요. 전 이 일을 오랫동안 해왔기 때문에 제가 달라질 수 있을지조차 잘 모르겠어요."

"앵무새처럼 같은 말을 되풀이하는 것처럼 들리고 싶지 않지만, 자네는 매주일 강단으로 걸어갈 때마다 변한다네. 자네는 자네 자신으로 교회에 들어가지만, 단 앞에 섰을 때 자네는, 그러니까 또 다른 누군가인 것이네. 나는 자네가 변하지 않도록 애쓰고 있다네. 나는 자네가 자네로서 있도록 노력하고 있네. 난 자네가 말한 시작이 무슨 의미인지 알고 있네. 난 자네가 한번 시도해볼 만한 제안을 해줄 수 있지만 그것은 무척이나 극단적인 것이라네."

"트럭 운전사에게 설교하는 법을 배우기 위해 수천 킬로미터를 날아오는 것보다 더 혁신적인 것인가요?"

"그럴 수도 있지. 눈을 감고 자네가 이 세상에서 가장 편안하게 생각하는 한 장소를 생각해보게. 그곳은 자네가 자신의 모습을 최대한 있는 그대로 드러낼 수 있는 곳이네."

레이는 눈을 감았다. "모르겠는데요. 그냥, 아내와 제가 자주 타는 우리 집 뒤뜰에 있는 그네인 것 같아요."

"그네라고? 난 자네가 가장 좋아하는 의자나 소파가 있지 않을까 기대했었는데, 하지만 그네라니 그걸 그네라고 함세."

"무슨 말을 하고 싶으신 건가요?"

월은 이 젊은이를 바라보았다. "난 자네에게 이 방법이 극단적이라고 말했네. 난 자네가 강대상을 치우고 그 단 위에 그네를 세워야 한다고 생각한다네."

"그네를요? 강대상 위에?" 레이는 자기의 멘토를 멍하니 바라보았다. "윌, 가솔린 연기에 너무 오랫동안 노출된 게 아닌가 싶네요."

"그럴 수도 있지." 월이 말했다. "하지만 자네는 그 자리에 올라가는 것이 편안해져야 하네. 그리고 그렇게 하는 한 가지 방법은 주위 환경을 변화시키는 것이라네. 난 자네가 목욕탕이 가장 편안하다고 말하지 않아 다행이라네."

레이가 크게 웃음을 터뜨렸다. "그건 정말 잊지 못할 말이겠는데요! 그러니까 자신의 목소리를 찾으라는 말은 제가 설교할 때 제 자신의 모습을 찾으라는 뜻이군요. 제가 켄워스^{Kenworth} 나 피터빌트^{Peterbilt} 같은 트럭을 모는 사람이었다면 더 잘 찾아낼 수 있었을 거라고 생각해요."

"트럭을 전혀 연결하지 않는 것은 하나의 대안이지. 어쩌면 신앙과 관계없는 것처럼 보일 수도 있지만 그건 하나의 선택이라네."

9장

낯선 곳에
도착해서

레이는 자기 목소리를 찾는다는 것에 대한 생각에 잠긴 채 창 밖으로 스쳐 지나가는 시골 풍경을 바라보았다. 윌이 말한 것들은 하나같이 타당했다. 처음에 레이는 한동안 그가 커뮤니케이션을 위한 계획을 갖고 있다는 느낌이 들었다. 확신이 커가면서 갑작스러운 불안한 감정이 한층 강하게 일어났다. 만약 이게 다 소용이 없으면 어떻게 될까?

"윌?" 레이가 불안한 표정으로 물었다. "이 일이 실패할 수도 있을까요?"

"레이, 그게 무슨 말인가?"

"제 말은 이 일곱 가지 명령대로 했다가 당신이 실망한 적이 있는지 궁금해서요."

"자네가 묻는 말이 내가 난관에 봉착했고 무슨 말을 해야 할지 몰랐던 때가 있었는지 묻는 거라면 그렇다네."

"아!" 레이는 자기도 모르게 걱정 가득한 탄성을 질렀다.

"그 부분이 바로 일곱 번째 명령이 필요한 곳이지."

"일곱 번째 명령이라구요?" 레이가 물었다. "우리가 지금까지 여섯 개를 다루었으니 맞군요."

"그리고 일곱 번째 명령은 내가 트럭을 운전하면서 배운 마지막 명령이라네. 알겠지만, 운전사에 대한 평가는 제시간에 물건을 배달하느냐에 달려 있지. 절대 늦어서는 안 되고, 고객들이 필요한 시간에 필요한 것을 받지 못해서도 안 되지. 만일 한 고객이 자네가 제시간에 도착해서 시간에 맞게 물건을 댈 것을 믿지 못한다면, 이 일을 오래 하지 못하게 될 걸세. 나는 트럭에 올라타면서 누군가 내가 제시간에 배달할 것을 신뢰하고 있다는 것을 잘 안다네. 그리고 나를 가로막는 것들, 이를테면 일기, 교통 상황, 난폭한 운전사 그리고 무엇보다 장비가 부족한 일들이 생길 수 있다는 것을 안다네. 난 바퀴를 굴리는 일에 시간을 쓸 수는 없고, 무슨 일이 일어나도 만반의 준비를 갖추어야 하지."

"마치 우편 배달부가 되어야 한다는 소리처럼 들리네요, 윌."

"원리는 같고, 차량만 작을 뿐이지." 윌이 웃었다. "핵심은 내가 필요한 때에 올바른 도구들을 갖고 있어야 한다는 것이지."

윌은 고속도로 휴게소에 차를 대고 운전석에서 내렸다. 레이는 그를 따라 트럭 뒤로 가서 윌이 커다란 공구함을 여는 것을 보았다.

"이건 내가 평소에 도로에 다닐 때 가지고 다니는 것에 비교하면 반도 안 되는 작은 것이지. 난 공구, 조명 장치, 경고등, 원치, 그 밖에 어려움에 처했을 때 필요할 모든 것을 갖고 다닌다네."

"정말 교육적인 내용이군요. 그리고 저도 집에 가면 이 조명 장치 몇 가지는 꼭 구입해야겠어요. 하지만 이런 것들이 커뮤니케이션과 정확하게 무슨 상관이 있는 거죠?"

"주일 아침마다 자네는 전달해야 할 것이 있네. 그리고 내가 알기로 주일은 싫든 좋든 7일마다 꼬박꼬박 찾아오지."

"어떤 때는 사흘에 한 번씩 찾아오는 것 같아요. 어쨌든 계속하세요."

"그리고 토요일이 되었는데도 메시지를 어떻게 전개시켜야 할지 감조차 잡지 못하고 있을 때 자네는 문제에 봉착한 거지."

레이는 잠시 생각했다. "무슨 말인지 모르겠어요 윌. 어떤 때는 제가 반드시 말해야 하는 것을 찾는 일이, 또 무언가 더 말해야 하는 것을 찾는 일이 마음에 들지 않은 적도 있어요. 그렇지만 전 한 번도 어려움에 처한 적은 없었다고 생각해요. 길을 잃은 적은 있어도 막힌 적은 없었어요."

"길을 잃은 것과 막힌 것은 비슷한 것이지. 길을 잃은 것은 자네가 어디로 가는지 알지 못할 때고…."

"그 내용은 '핵심을 잡아라'와 '지도를 그리라'에서 다뤘죠, 그렇죠?"

"맞았네." 윌은 감탄했다. "그렇지만 막힌 것은 자네가 어디로 가야 하는지는 알지만 그곳에 갈 수 없을 것처럼 보일 때를 말한다네. 자네가 한 번도 막힌 적이 없다고 느낀 것은 자네가 어디로 가려고 애쓰지 않았기 때문일세. 자네는 그저 시간을 채우고 있었을 뿐이야." 윌은 이 말이 그가 의도한 것보다 더 심하게 들릴 수 있을 것이라 생각했다.

레이는 이 원 포인트 메시지 과정이 자기가 처음 생각했던 것보다 더 어려울 수도 있다는 것을 깨달았다. "전 그것이 커뮤니케이션을 더 쉽게 만들 거라고 생각했어요."

"그것은 커뮤니케이션을 더 효과적으로 만든다네, 레이. 난 더 쉽게 만든다고 말한 적은 없네." 윌이 웃었다. "걱정 말게, 레이. 내 말은 만일 자네가 처음 여섯 가지 명령을 수행하고 자네의 청중들을 데리고 한 지점으로 여행을 떠난다면 자네가 멈추게 되는 순간이 있을 거라는 의미네. 그때가 자네에게 일곱 번째 명령이 필요한 때라는 거지. 내 말을 믿게."

"그럼 길이 막혔을 때 그 행운의 일곱 번째 명령은 무엇인가요?"

"견인차를 발견하라." 윌이 대답했다. "길이 막혔을 때는 다시 시작해야 한다네."

"그러기 위해 무엇을 사용해야 하죠?"

"공구함을 뒤져 내가 필요한 것을 꺼내지."

"그럼 전 강대상에 조명을 비춰야겠군요? 그러면 뒷줄에 앉은 사람들을 깨울 수 있을 테니까요."

"생각은 옳지만 공구함을 잘못 꺼냈네." 윌이 말했다. "난 설교자로서 난관에 봉착했을 때를 위한 확실한 도구 두 가지를 갖고 있지. 그 첫 번째는 기도라네."

"전 당신이 언제 기도에 대해 말할지 궁금했어요."

"레이, 난 이 과정 전체가 기도 안에서 진행되고 있는 것이 아니라는 마음을 가진 적이 없다네. 만일 자네가 준비하는 과정 전과 중간 그리고 이후에 기도하지 않는다면 아예 시작하지 않는 것이 좋지. 여기서 내가 말하는 것은 하나님 앞에 얼굴을 내밀고 그분이 내 걸음을 조정하시도록 하는 것이지. 내가 잘못된 방향으로 가고 있지는 않은가, 내 안에 고쳐야 할 부분은 없는가, 내가 지적한 핵심에 결함은 없는가 등등을 말일세."

"이제 알겠어요 윌. 저도 당신이 이 모든 일 가운데 하나님을 구하지 않는다고 생각하지는 않았어요. 그럼, 두 번째 도구는 뭐죠?"

"그건 체크 리스트네. 내가 그 여행에 맞는 길을 가고 있는지 가늠하는 데 도움이 되고 이어서 내가 다시 출발할 수 있도록 도움이 되는 질문들의 목록이지. 난 자리에 앉아 내 자신에게 이 질문들을 제기하고, 그 질문들은 내가 견인차를 발견하도록 도와주지."

"윌, 그건 트럭 운전사들이 사용하는 '교신 바람, 교신 바람. 윌, 당신의 20번 채널은 뭔가요?'와 같은 개인 방송용 전문 용어인가요? 근데 당신의 20번은 뭐죠? 그러니까 당신의 위치인가요?"

윌은 웃지 않았다. "난 자네가 말하는 '당신의 20번'이 무슨 말인지 아네. 그리고 개인 방송은 그렇게 비웃을 만한 것이 아니라네. 영화 〈순찰대와 노상강도 Smokey and the Bandit〉 이후로 자네와 같은 일반 사람들이 그걸 거의 엉망으로 만들었지. 휴대폰을 만드신 하나님께 감사하라는 게 내가 해줄 수 있는 유일한 말이라네."

"미안해요. 그건 당신이 제게 그 질문들을 물어보지 않을 거란 뜻인가요?"

윌의 얼굴에 다시 미소가 돌아왔다. "자네에게 말해주겠지만 먼저 트럭으로 돌아가세 레이. 지켜야 할 일정이 있다네."

두 사람은 다시 차에 올라탔고 곧바로 고속도로를 달려나갔다. "그 질문은 이것이네." 윌이 말했다. "사람들이 반드시 알아야 하는 것은 무엇인가? 왜 그들은 그것을 알아야 하는가? 그들은 무엇을 해야 하는가? 그들은 왜 그것을 해야 하는가?"

"그게 다예요?" 레이가 물었다.

"그게 전부일세." 윌이 대답했다. "먼저 본문 연구에 필요한 시간을 보낸 다음에 메시지를 구성하다보면 처음에 의도했던 핵심을 놓치기가 쉽지. 그래서 처음에 생각했던 것에서 벗어나 다른 방향으로 빠지게 되다네."

"락 시티 같은 곳 말이죠, 그렇죠?"

"바로 맞았네. 그리고 그걸 알기 전에 자네는 돌아나갈 길이 없는 막다른 골목에 빠져 있게 되지. 그런 사람들이 알아야 하는 것은 정보에 관한 것이네. 그것은 바로 자네가 성경에서 추려낸 성경의 진리지. 만일 이 시점에서 자네가 그 핵심을 분명히 전달할 수 없으면 어디서 견인차가 필요한지를 알게 될 걸세. 왜 사람들이 그것을 알아야 하는가 하는 점은 바로 동기부여에 관한 것이네. 자네는 이 핵심을 사람들이 그들의 삶 가운데 적용해야 하는 이유를 말해주는가? 그러면 그들이 해야 할 일들이 드러나는데, 이것은 명백히 적용에 관한 것이지. 자네는 사람들이 그것을 자신의 일상 생활 가운데 적용하는 방법을 제시해주는가? 그리고 마지막으로 왜 사람들은 그렇게 해야 하는가? 그리고 그것은 영감과 관련된 것이지. 사람들에게 그것을 적용할 때 자신의 삶이 장차 어떻게 보일지를 깨닫게 해주는 일이 그것이네. 일단 자네가 이러한 질문들에 대답하면, 자네는 즉시 처음에 가던 길로 돌아가게 될 걸세."

"반복하지만 윌, 실례가 되지 않았으면 좋겠는데요. 그건 너무도 분명하고 간단한 것처럼 보여요."

윌은 아무 대답도 하지 않고 다만 콘솔 너머에 있는 글러브 박스로 손을 뻗었다. 그리고 반짝반짝 빛나는 크롬으로 도금된 렌치를 꺼냈다. "이것보다 더 쉽고 간단한 도구를 본 적이 있는가, 레이?" 레이는 고개를 저었다. "하지만 볼트를 풀거나 죄는 데 이것보다 더 좋은 도구는 없다는 걸 보장하네. 간단하다고 해서 효과가 없다는 뜻은 아니지. 최고의 도구란 그런 걸세."

10장

새로운
마음가짐

　　고속도로를 계속 달려가자 레이는 대도시 권역으로 접어들었음을 알리는 듯 교통량이 많아지는 것을 발견했다. 교통 표지판이 그 생각을 확신시켜주었다. 애틀랜타 24km.

　　레이와 윌의 놀라운 모험은 그들이 처음 출발했던 지점으로 돌아오면서 거의 종착역을 향해 도달하고 있었다. 레이는 자신이 처음과 동일한 지점으로 되돌아가게 되지는 않을까 궁금해지기 시작했다. 호랑이가 자기 줄무늬를 변화시킬 수 있을까? 더 구체적으로 말해서 설교자가 오랫동안 설교하던 스타일을 변화시킬 수 있을까? 이 모든 일이 아무 소용 없게 되어버리지는 않을까. 아니면 교인들을 다음 주일 아침에 놀라게 할 수 있을까?

　　갑자기 레이에게 이런 생각이 들었다. 그것은 목표였다. 윌은 자기에게 진정한 목표에 대해 이야기한 적이 없었다. "윌, 이제 목표에 대해 말해주셨으면 해요."

"뭐라고?"

"우리가 처음 시작할 때 당신은 제가 목표를 모른다는 것을 알고 있으니 목표를 아는 것은 중요하지 않다고 말했어요. 이제, 공항에 거의 다 왔으니 그게 정말 중요하다고 생각해요."

"레이, 그건 오즈의 마법사에 나오는 여자 아이가 신은 빨간 구두와 같은 거야. 자네는 처음부터 그 목표를 알고 있었다네."

"세상에 자기 집 만한 곳은 없다는 말이요?"

윌은 웃었다. "아니지. 그건 너무도 간단해서 자네 눈에 띄지 않는 걸세, 레이. 자네 눈을 감고 메도우랜드 교회 사람들을 생각해보게. 자넨 그들에게서 무엇을 원하는가?"

레이는 눈을 감고 교회 사람들의 얼굴을 하나씩 떠올리며 생각하기 시작했다. 그는 지난 10년 동안 자신이 들은 이야기와 대화 그리고 상담들에 관해 생각했다. 그 안에는 갈등과 도전에 대한 이야기를 비롯해 성공과 변화된 삶이 들어 있었다. 변화된 삶, 바로 그거야. "전 그들의 삶이 변화되어 그리스도의 사랑을 드러내게 되기를 원해요."

"그래, 그건 그렇게 어려운 일이 아니지. 그렇지 않은가? 이제 자네가 자네의 목표를 결정했으니 성경의 핵심을 붙잡고 그것을 분명하고, 매력적이며, 기억할 수 있는 방법으로 제시하여 그들이 그것을 적용하고 하나님이 그들의 삶을 변화시키시는 것을 지켜보게 하게."

"어제까지만 해도 전 '그렇게 말하는 건 쉽지요'라고 말했을 거예요. 하지만 상황이 낯선 만큼 당신이 절 도와주실 거라고 생각하고 있다는 걸 알아주셨으면 해요."

월은 레이에게 무언가 고민이 있다고 느꼈다. "레이, 자네 어딘지 불안해 보이네."

"불안하다구요?" 레이가 웃음을 터뜨렸다. "월, 전 10년 동안 목회를 해왔어요. 그리고 지난 10년 동안 제가 유일하게 알고 있는 방식대로 해왔어요. 그건 제가 배운 것이고, 제 앞에서 다른 사람이 하던 방식이에요. 그리고 지금, 6개월 전 야구 시합이 있던 날 밤과 당신의 트럭에 탄 그날 오후 이후로 전 완전히 새로운 방향에 접어들었다고 생각하고 있어요. 불안하다란 말은 부드럽게 표현한 것이죠."

두 사람은 침묵 가운데 피치트리 데칼브 공항에 접어들었다. 공항은 낮시간 치고는 비교적 조용했다. 월은 트럭을 주차하고 레이를 돌아보며 물었다. "그게 걱정되나?"

"뭐 말이죠?"

"전혀 새로운 방법을 도입하는 거 말야."

"당연하지 않나요?"

"그렇지 않았다면 오히려 자네를 걱정했을 거네. 하지만 레이, 난 자네가 두 가지를 꼭 기억해줬으면 하네. 첫째, 하나님은 자네에게 말해야 할 것들을 많이 주셨네. 난 자네 설교 테이프를 들어봤는데 자넨 그분의 말씀에 대해 엄청난 통찰력을 갖고 있네. 이 말은 진심일세. 난 그분이 당신을 통해 많은 사람에게 영향을 끼치기 원하신다고 믿네. 진정으로 이야기를 하시는 분은 그분이시라는 사실을 절대 잊어버리지 말게나. 우리는 그저 그분의 입 안에 들어 있는 마우스 피스와 같은 거네. 둘째, 이 일곱 가지 명령 가운데 어떤 것들은 제대로 배우는 데 일 년이 걸리기도 하고, 어떤 것은 그보다 더 많은 시간이 필요하다네.

내가 말하고 싶은 것은 변화가 하룻밤 사이에 일어나지 않더라도 낙심해서는 안 된다는 것이네. 이건 다른 일들과 마찬가지로 하나의 과정이야. 자네가 더 많이 말할수록 더 많이 자네 자신에게 귀를 기울이고, 자신을 더 많이 이해하게 되지. 머지않아 자네는 다른 방식으로는 설교를 할 수 없게 될 걸세."

두 사람은 트럭을 내려 터미널로 가서 피트의 헬리콥터를 찾았다. 할란 엔터프라이즈 걸프스트림에는 불이 환하게 켜져 있었다. "자네에게 주고 싶은 것이 있네." 윌이 레이에게 자그마한 낡은 공책을 건네주었다.

"이건 뭐죠, 윌?"

"내가 그동안 적어온, 우리가 논의한 일곱 가지 명령이 들어 있는 공책이라네. 우리가 이야기한 모든 것 그리고 아직 이야기하지 않은 몇 가지가 그 안에 들어 있지. 그걸 자네가 가져갔으면 좋겠네. 그럼 하나도 잊어버리지 않을 거야."

"그럴 수 없어요." 레이가 이의를 제기했다. "당신은 앞으로 많은 설교를 할 거잖아요. 당신도 이게 필요할 거예요."

"레이, 앞에서도 말했지만 그건 모두 이 안에 들어 있다네." 윌이 자신의 가슴을 두드렸다. "머지 않아 그게 내 일부가 된 것처럼 자네의 일부가 될 것임을 하나님께 확신한다네."

레이는 미소를 지으며 그 공책을 조심스럽게 자기 외투 주머니에 집어넣었다. "그럼 저도 언젠가 트레일러를 몰 수 있게 될 거라는 의미인가요?"

"운이 좋다면 말이지, 레이." 월은 자신의 새로운 친구가 개인 전용 비행기에 올라타는 것을 보며 손을 흔들었다.

레이는 그 몸짓을 보았다. 축복의 표현인가? 만일 그렇다면, 그건 그가 받아야 해.

우와. 그는 안전 벨트를 채우면서 미소를 지었다. 헬리콥터가 도로를 활주하는 동안 레이의 마음은 이미 집에 두착해 있었다. 오늘은 화요일이고, 곧 주일이 되지. 두려움의 늙고 차가운 손가락이 그의 마음을 감싸기 시작했다. 이번 주일은 정말 어떻게 변할까? 그는 메도우랜드 교회 성도들이 여전히 그 자리에 있으며 자신이 그들에게 전해줄 것이 있다는 것을 잘 알았다.

그는 주머니에서 작은 공책을 꺼냈다. 책장을 넘기면서 그 내용들이 그에게 하나씩 되살아나기 시작했다. 목표를 정하라. 핵심을 잡으라. 지도를 그리라. 메시지를 내면화하라. 청중과 호흡을 같이하라. 자기만의 목소리를 찾으라. 그리고 새롭게 시작하라.

비행기가 이륙하는 순간 그는 공책을 다시 주머니에 넣고 부드러운 가죽 의자 안으로 몸을 깊숙이 눕혔다.

그는 잘 할 수 있을 것이다. 하나님이 옆에서 그를 도와주실 것이다.

작은 비행기가 저녁 하늘 한가운데로 굉음을 내며 날아가는 동안 그는 마음속으로 무언가 꿈틀거리는, 너무나 오랫동안 경험해보지 못했던 감정을 느꼈다. 그건 바로 흥분이었다.

2부. 변화를 위한 커뮤니케이션

Communicating for a Change

11장. 목표를 정하라

12장. 핵심을 잡으라

13장. 지도를 그리라

14장. 메시지를 내면화하라

15장. 청중과 호흡을 같이하라

16장. 자기만의 목소리를 찾으라

17장. 새롭게 시작하라

우리 주위에 윌 그레이엄과 같은 사람과 함께하는 사람이 너무나 적다는 것은 유감이 아닐 수 없다. 만일 누군가 시간을 내어 우리의 설교에 귀를 기울이고 그 수준을 평가해준다면 우리의 설교가 얼마나 더 큰 효과를 거둘 수 있을지 상상해보라. 커뮤니케이션이라는 분야에서 그런 코치의 역할을 해주는 사람은 매우 드물다. 우리 두 사람이 이 책을 쓰게 된 이유 가운데 하나가 바로 그것이다. 레인과 나는 지난 8년 동안 몇몇 설교자들의 삶 가운데 윌 그레이엄과 같은 역할을 해왔다. 레이와 윌 사이에 오고간 어떤 대화는 비록 비현실적인 것처럼 보일지 모르지만, 그 대부분은 커뮤니케이션 코치로서 우리의 역할을 하는 과정에서 실제로 이루어신 대화(그리고 면담)에 의해 영감을 받은 것이다. 다음 장들에서 그 이야기들을 접할 수 있을 것이다.

이 책의 나머지 부분은 일곱 가지 명령에 대한 상세한 설명이나. 당신은 우리의 생각이 도전적이라고, 어쩌면 정통에서 벗어난 것이라고까지 생각할 수도 있다. 그러나 이러한 개념들이 비실제적이라고 보고 폐기하기 전에 우리 모두가 이해할 수 있는 한 가지 상황에 대해 말하고자 한다. 만일 세 살 된 당신의 아이가 전갈을 향해 손을 내미는 것을 본다면 그 아이를 막기 위해 무엇을 마다하겠는가? 난 그 아이의 손이 전갈의 독침에 찔리지 않도록 당신이 통상적인, 심지어 정당한 규범을 넘어서는 어떤 행동이라도 능히 할 것이라 생각한다. 고함을 지를 수도 있고, 집 안으로 뛰어들 수도 있으며, 가구 위를 밟고 지나갈 수도 있고, 그 아이를 위험에서 구할 수 있다면 몸에 상처가 나는 것쯤은 전혀 개의치 않고 무슨 일이든 할 것이다.

주일 아침 공손히 자리에 앉아 당신의 말에 귀를 기울이고 있는 사람들은 저마다 도덕적, 경제적, 가정적인 파멸을 피하기 위해 선택한 것이다. 그들 모두가 그렇다. 많은 사람들은 여러 가지 선택과 그 선택의 결과로 이후에 자신의 남은 삶에 따라다닐 일들을 고려하는 가운데 있다. 불륜 직전에서 흔들리고 있는 남편들. 어디서 시간을 보내는지 알 수 없는 주부들. 채무의 바다에 빠져 허우적거리는 부부들. 부모로 인해 원치 않는 곳에 처하게 된 십대들. 사람들로부터 게이라는 말을 듣는 청소년들. 자신의 가치는 육체적인 아름다움 외에는 없다는 말만 듣고 자란 여성들.

그들이 그곳에 앉아 있다. 조용히, 기다리고, 소망하며, 불안해하고, 기대하는 가운데. 우리는 무엇을 할 것인가? 당신은 무엇을 할 것인가? 당신은 무슨 말을 해줄 것인가?

우리는 바로 이 세상 가운데 말씀을 전하도록 부르심을 받았다. 우리는 바로 그 문제에 정면으로 부딪치도록 부르심을 받았다. 세상에는 많은 문제가 있고, 많은 사람이 위기에 직면해 있다. 가장 기쁜 소식은 성경에는 이 모든 문제들을 다루고 있는 진리와 이야기와 원리들이 가득 차 있다는 것이다. 당신이 반드시 물어야 할 질문은 당신이 청중들의 마음과 연결될 수 있는 커뮤니케이션 시스템을 최대한 어느 정도까지 만들어낼 것인가 하는 것이다. 당신은 문화의 한 시기에 존재했다가 이제는 더 이상 존재하지 않는 하나의 시스템, 하나의 스타일, 접근 방법을 기꺼이 버리겠는가? 당신은 하나님이 당신에게 맡기신 사람들의 삶 속으로 들어가기 위해 자신의 안전지대를 과감히 벗어나겠는가? 당신은 그에 필요한 것들을 받아들이겠는가? 당신은 즐겨 쓰는 상투어나 같은 글자로 시작하는 주제 나열하기, 혹은 세 가지 핵심과 같은 것들을 포기하고 사람들이 이해할 수 있는 말을 할 의도가 있는가? 당신은 사람들의 삶을 변화시키기 위한 커뮤니케이션을 하려 하는가?

11장

목표를 정하라

:: 당신은 무엇을 성취하기 위해 애쓰는가?

우리는 모두 설교가 끝난 뒤에 마치 그걸 공원에 내다버린 것 같은 느낌을 가신 채 사동차를 향해 걸어간다. 그리고 우리는 모두 어느 누구와도 눈이 마주치지 않기를 바라며 뒷문을 슬쩍 빠져나간다. 나는 주일날 청중들로 하여금 내가 단 위에서 40분씩 행한 일을 참고 견디게 만든 것에 대해 빚을 지고 있다는 느낌을 받은 적이 한두 번이 아니다. 그것은 주일날 여러 번의 설교가 있는 이점이다. 나는 보통 세 번의 설교 가운데 하나를 맡는다. 대개는 말이다.

대부분의 경우, 우리가 어떻게 했는가에 대한 우리의 감정은 우리가 행한 것에 대한 자기 자신의 판단과 연결되어 있다. 예화는 얼마나 잘 전달했는지, 본문은 얼마나 잘 다루었는지, 전환점은 잘 기억했는지, 핵심은 잘 짚었는지 그리고 비행기를 잘 착륙시켰는지에 대한. 보통은 그렇다.

그러나 우리가 무슨 말을 하는지와 상관없이 우리는 다른 사람들이 어떻게 생각하는지에 더 많은 신경을 쓴다. 그리고 만일 당신이 나와 같은 사람이라면, 당신은 설교를 전한 다음의 한 시간에 더 많은 신경을 쓴다. 그 한 시간 동안 우리는 자신이 어떤 사람이며 또한 어떤 사람이 아닌지에 대한 깨달음과 함께 우리에게 꼭 필요한 객관적인 시각들을 많이 얻는다. 그리고 우리는 집으로 돌아가면서 좋은 설교로 세상을 변화시킬 수 없다는 것을 깨닫는다. 그러나 마찬가지로 나쁜 설교로 인해 기독교 세계 전체가 무너지지는 않을 것이다.

그렇지만 메시지를 전하는 동안과 그 직후에 우리는 매우 취약해진다. 우리의 자아가 사람들 앞에 나서고, 주위의 이목에 온통 신경을 쓰며, 쉽게 상처받는다. 만일 당신이 내 설교에 관해 칭찬할 것이 있다면 즉시 말해주라. 만일 '의견'이 있다면, 수요일까지 기다려주라. 설령 내가 의견을 요청한다 해도 수요일까지 기다려주라. 그동안에 필요하다면 거짓말이라도 하라. 그래서 내 설교가 훌륭했다고 말해주라. 그렇지 않다 해도 걱정하지 말기 바란다. 나도 이미 알고 있다.

설교는 공연과 같은 것이다. 설교자는 공연을 하는 연기자다. 그러나 코미디언과 달리 우리는 단순히 즐거움을 제공해주는 것 이상의 일을 해야 한다. 우리는 한 시간 내내 교훈을 베풀고, 영감을 불어넣어주며, 신학 지식을 제공해주고, 흥미를 유지해야 한다. 그래서 우리는 그 자리에 서 있다. 홀로 외로이. 모든 시선이 우리를 바라보며, 기다리고, 기대하고, 소망하는 가운데 말이다. 그리고 우리는 매주 똑같은 청중들에게 해야 할 말이 있다고 앞에서 말했던가? 사람들은 그 일주일 동안 차 안에서 내 아버지(찰스 스탠리), 척 스윈돌 Chuck Swindoll , 에드 영 Ed Young 그리고 션 해너티 Sean Hannity 와 같은 사람들의 설교를 들으며 돌아다닌다고 말했던가?

우리가 어떻게 행했느냐에 관한 느낌은 우리의 공연과 연결되어 있다. 우리는 공연을 해야 한다는 막중한 압력을 받는다. 그렇지만 그 압력에도 불구하고 우리의 평가 범위는 우리가 사람들에게 전한 것을 뛰어넘기 마련이다. 강대상 위에서 행하는 우리의 공연을 개선하기 위해 주의를 집중하고 노력해야 하는 것 외에 또 한 가지 고려해야 하는 것이 있다. 그것은 결과물이다. 그것은 우리가 말한 것의 결과로 사람들이 무엇을 행하느냐 하는 것이다. 청중들이 들은 것을 기꺼이 행동에 옮기려는 마음을 갖게 되었는가 그리고 삶의 변화가 일어났는가다.

우리가 어떻게 공연을 했는지가 그 순간 우리의 공연에만 연결되어 있다면 그 순간은 그리 중요한 것이 아닐 것이다. 생각해보면 당신의 전달 방식, 스타일, 유머, 결론, 시간 배분은 모두 당신도 생각한 것처럼 당신을 중심으로 이루어진 것이다. 어느 순간 우리는 강대상 위에 서 있는 사람보다 좌석에 앉아 있는 사람들을 더 신경쓰기 시작하게 된다. 그럴 때 우리가 제시하는 것은 진정한 의미를 얻게 된다. 그렇게 하는 동안 우리에게 진정한 커뮤니케이션이 일어나게 된다.

따라서 '어떻게'와 관련된 토론으로 넘어가기에 앞서 '무엇'에 관해 몇 분 정도 이야기해보자. 당신은 무엇을 성취하려고 하는가? 당신의 커뮤니케이션 목표는 무엇인가? 얻는 것은 무엇인가? 일 년 동안 설교하고 가르친 결과를 돌아보며 무엇을 보고 싶은가?

그리고 특별히 중요한 질문은 바로 '왜?'다. 그것은 우리가 진행하게 될 커뮤니케이션 접근 방법은 커뮤니케이션의 목표에 의해 정해지기 때문이다. 우리는 대부분 커뮤니케이션과 관련된 방법들을 물려받았다. 우리는 기본적으로 동일한 접근 방법을 사용하던 설교자들의 말을 들으며 자라왔다. 그리고 우리는 학교에 가서 우리가 어렸을 때 들으며 자란 스타일에 맞추어 메시지를 전개하는 방법을 배웠다. 그리고 분명 누구도 설교자로서의 당신의 목표에 대해 진지하게 생각하도록 도전하지 않았을 것이다. 사람들은 그저 당신에게 방법만을 가르쳤다. 그렇지만 만일 당신의 커뮤니케이션 방법이 설교자인 당신의 목표를 뒷받침해주지 않는다면 의사 전달에 괴리가 존재하게 된다. 당신은 여러 시간에 걸쳐 메시지를 준비하지만, 그 메시지는 당신이 반드시 이루고자 하는 것들을 이루기 위해 계획된 것이 아니게 된다.

그렇다면 당신의 목표는 무엇인가? 내가 제시하는 접근 방법이 당신 마음에 들지 그렇지 않을지를 결정하는 것은 바로 당신의 목표다. 왜냐하면 지금부터 살펴보려고 하는 방법들은 매우 구체적인 목표를 중심으로 진행되기 때문이다.

세 가지 가능성

이 중요한 시점에서 성경이 말하고 있는 커뮤니케이션의 가능한 목표들을 일일이 나열하는 것은 별 도움이 되지 않을 것이다. 그렇지만 교회 안의 대부분의 설교자들에게 연료를 공급해준 세 가지에 초점을 맞추는 것은 도움이 될 것이다. 첫 번째는 성경을 사람들에게 가르치는 것이다. 이 말은 성경의 내용을 사람들에게 가르쳐 그들이 성경을 이해하고 그 안을 항해할 수 있게 하라는 것이다.

이것은 보통 성경의 각 권을 각 구절에 따라 조직적으로 혹은 체계적으로 가르치려는 설교자 혹은 교사의 목표다. 이 방법은 성경이 의미하는 바를 간단히 설명하는 것을 목표로 하는 설교자의 궁극적인 목표다. 지난 주에 어느 부분에서 마쳤든 다음 주에는 그 부분을 다시 다루게 된다. 이 방법에는 아무런 창조적인 기법이 필요 없다. 이 방법에는 아무런 적용이 포함되지 않는다. 이 방법은 청중들에게서 많은 흥미를 자아낸다. 그리고 솔직히 말하면, 이 방법은 다른 커뮤니케이션 방법과 비교할 때 매우 쉽다.

나는 텍사스 주 댈러스에서 보낸 어느 부활주일 가운데 이 방법이 극한대로 적용된 것을 본 적이 있다. 그 당시 나는 몇몇 친구들과 한 교회를 방문했었다. 그곳에 가는 동안 친구들은 그들의 담임 목사가 요즘 시편을 설교하고 있다고 설명해주었다. 그리고 그 주는 시편을 설교한 지 43번째 주였다. 부활절은 44번째 주다. 그리고 예상대로 그 목사는 부활주일에 시편 44편을 본문으로 택했다. 그는 설교 가운데 부활절을 몇 차례 언급했다. 그렇지만 그건 일과성에 지나지 않았다. 그의 변명에 의하면, 그는 성경을 사람들에게 가르치고 있었다. 그리고 그의 접근 방법은 자신이 설정한 목표와 부합했다.

두 번째로 가능한 목표는 사람들에게 성경을 가르치는 것이다. 이 목표는 설교자가 청중들을 고려한다는 점에서 첫 번째 목표와 다르다. 결국, 이 목표는 사람들을 가르치는 것이다. 이 목표를 붙잡고 있는 설교자는 듣는 사람들의 마음과 생각에 성경의 진리를 전달해주는 효과적인 방법을 끊임없이 추구한다. 이 목표는 '세 가지 핵심과 하나의 적용'이라는 접근 방법의 이면에 존재한다. 여러 개의 대지를 갖는 설교나 교안은 사람들에게 성경을 가르치는 것을 목표로 하는 설교자들에게 중요한 접근 방법이다. 개요는 보통의 청중들이 설교를 잘 따라갈 수 있게 해준다.

이러한 목표를 견지하고 있는 설교자와 교사들은 같은 글자로 시작하는 주제와 다양한 예화들을 자주 사용한다. 결국 이러한 연결되는 주제와 예화들은 청중들로 하여금 자신들이 배우고 있는 본문을 이해하고 더 많은 부분을 기억하기 쉽게 해준다. 난 예레미야서 전체를 이런 식으로 연결된 주제로 다룬 친구를 본 적이 있다.

대단하지 않은가?

이 두 번째 목표로부터 도출된 모든 커뮤니케이션 전략은 청중들에 대한 민감한 감각을 요구하며 따라서 어느 정도의 창조성을 필요로 한다. 나는 고등학생들을 가르칠 때 사도행전의 모든 장을 하나의 동일한 글자 혹은 주제로 연결하여 학생들이 사도행전 전체를 훑어볼 수 있게 한 적이 있다. 나는 그 방법이 너무나 편하다는 것을 매주 확인했다.

일반적으로 말해서 성경을 사람들에게 가르치는 것이 목표인 설교자들의 주된 관심은, 내가 이 내용을 모두 다루었는가다. 사람들에게 성경을 가르치는 것이 목표인 사람의 일차적인 관심은, 내 청중은 이 내용을 이해하고 그것을 기억할 수 있을까 하는 것이다. 두 가지 모두 그 성공 여부는 정보의 전달에 의해 평가된다.

만일 영적 성숙이 정보의 전달, 혹은 더 구체적으로 말해 성경 내용의 전달과 동의어라면 위의 두 가지 방법 모두 괜찮을 것이다.

그러나 사실은 그렇지 않다. 그리고 당신도 그것을 알고 있으며, 나도 알고 있다. 내가 아는 모든 사람도 그것을 알고 있다. 그리고 그 사실을 알지 못하는 사람은 분명 이 책을 읽지 않을 것이다.

당신과 나는 성경 지식이 영적 성숙의 대척점인 교만을 가져다줄 수 있다는 것을 잘 안다.[1] 구약 성경을 가장 잘 알고 있는 사람들이 예수님을 신성모독이라고 생각하고 그분을 십자가에 못 박게 한 사실은 매우 흥미롭다. 아는 것으로는 충분하지 않다.

듣기와 행하기

세 번째 목표이자 내가 적극적으로 동의하는 것은, 사람들에게 성경의 가치관과 원리와 진리를 드러내는 삶을 사는 방법을 가르치는 것이다. 간단히 말해서, 내 목표는 변화시키는 것이다. 나는 사람들이 단지 무언가 다른 것을 생각하는 것이 아니라 그 다른 것을 행동으로 옮기기를 원한다.

나는 설교를 마쳤을 때 청중들이 자신이 들은 것으로 무엇을 해야 할지 알게 되기를 원한다. 그리고 나는 그들이 예배당을 나가면서 자신이 알게 된 것을 시도하고 싶은 동기를 부여받기 원한다. 이 목표는 성경이 가르치고 있는 영적 성숙에 대해 내가 이해하고 있는 것에 기초한다. 내가 이해한 바로는, 영적 성숙을 재는 척도는 묵상이 아니라 적용이다. 야고보는 이것을 이렇게 멋지게 말했다. "행함이 없는 믿음은 헛 것이다."[2] "너희는 도를 행하는 자가 되고 듣기만 하여 자신을 속이는 자가 되지 말라."[3]

예수님 역시 이 주제에 대해 말씀하셨다. "너희가 서로 사랑하면 이로써 모든 사람이 너희가 내 제자인 줄 알리라."[4] 그분은 어느 계명이 가장 크냐는 질문을 받으시고 율법 전체를 행동 중심의 두 가지 명령인 하나님을 사랑하고 네 이웃을 사랑하라는 두 가지 명령으로 요약하셨다.

내 친구 랜디 포프 Randy Pope 는 이렇게 말했다. "설교란 성경에 관해 말하는 것이 아니라, 성경을 통해 그들 자신에 대해 말하는 것이다."[5]

따라서 내가 말하고자 하는 핵심은 이것이다. 변화를 위한 설교는 우리가 앞에서 논의한 커뮤니케이션의 두 가지 목표와는 다른 접근 방법을 요구한다.

2. 야고보서 2:20
3. 야고보서 1:22
4. 요한복음 13:35
5. 랜디 포프, "Preaching in the Prevailing Church: An Interview with Randy Pope," Preaching, 21, no. 4(Jan-Feb 2006): 46.

내가 아는 모든 설교자는 자신의 설교와 가르침의 결과로 삶이 변화된 것을 보고 싶어한다. 그러나 이러한 자신의 열망을 뒷받침해주는 커뮤니케이션 접근법을 개발하는 설교자는 너무나 적다. 그들은 그저 이전 세대로부터 물려받은 접근 방법을 받아들일 뿐이다.

삶의 변화를 위한 설교는 정보는 더 적게 그리고 적용은 더 많이 필요로 한다. 더 적은 설명과 더 많은 영감. 초대교회 이야기는 더 적게 그리고 21세기 교회는 더 많이. 나는 모든 성경은 동일하게 영감을 받았다는 사실을 분명히 믿지만 내가 관찰한 바로는 모든 성경이 똑같이 적용할 수 있다고 말할 수 없다. 결과적으로, 삶을 변화시키기 위한 설교는 우리로 하여금 어떤 본문을 다른 본문보다 더 강조해야 할 것을 요구한다.

당신이 이 책을 덮고 나를 이단으로 치부하기 전에 먼저 이 사실을 깊이 생각해보라. 만일 한 설교자가 일 년 동안 요한복음을 구절별로 가르친다면 당신은 그가 성경의 다른 65권을 무시했다고 고발하겠는가? 사실 당신은 그를 일관성 있는 사람이라고 칭찬할 것이다. 내가 말하고자 하는 것은 우리는 모두 고르고 선택한다는 것이다. 성경의 모든 구절에 동일한 시간을 부여하는 사람은 하나도 없다.

삶의 변화를 위한 설교는 우리의 표적이 되는 청중들에게 가장 적합하고 또한 적용할 수 있는 구절을 선택하는 일이 포함된다. 이것이 바로 예수님이 하신 일이다. 이것이 바로 사도 바울이 한 일이다. 그분들은 절실한 필요에 대해 전했고 자신의 가르침을 구약의 증거로 뒷받침했다. 성경 어디에도 구약 전체를 가르친 사람의 예나 증거는 찾아볼 수 없다. 그들은 우리보다 더 잘 알았는데도 말이다.

나는 몇 달씩 서신서 가운데 하나를 설교하는 목회자들에 관해 들으면 특별히 기분이 좋아진다. 한번 생각해보라. 서신서들은 저마다 특정한 교회의 특정한 문제에 초점을 맞추어 조심스럽게 쓰여진 논증이다. 그러면 우리는 어떻게 하는가? 우리는 지금 당장 우리 앞에서 일어나고 있는 일들은 무시하면서 초대교회 교인들이 당면하고 있던 문제에 관하여 일세기 교회에 보내진 서신을 조심스럽게 주해한다. 만일 우리가 진정으로 사도 바울로부터 어떤 단서를 얻기 원한다면 무엇보다 우리의 청중들이 직면하고 있는 구체적인 문제들을 건드려야 한다. 내가 성적 순결이나 금전에 관한 메시지를 거의 모든 시리즈에 포함시키는 이유가 바로 이것이다. 그리고 해마다 봄이 되면 가정 생활에 관한 시리즈를 계획하는 것도 바로 이런 이유에서다. 이 세 가지 주제는 평범한 남자와 여자의 시간과 관심을 사로잡는 세 가지 관심사다. 우리에게는 다행스럽게도, 성경은 이 세 가지에 대해 많은 이야기를 들려주고 있다.

당신이 삶을 변화시키는 설교에 매진하는 동안, 두 가지 매우 중요한 질문에 대답하기 전까지 당신의 준비 과정은 완성되지 않은 것이다. 그것은 '그래서 무엇을?' 그리고 '이제 무엇을?'이다. 만일 우리가 맡은 사람들이 앞으로 어떤 변화가 예정되어 있는지를 깨닫지 못한다면 우리의 설교는 그리 많은 변화를 만들어내지 못할 것이다. 그리고 우리가 그들에게 무엇을 해야만 하는지를 말해주기 전까지는 우리의 청중은 많은 것을 행하지 않을 것이다.

우리가 논의한 첫 번째 목표를 가진 교사는 주어진 내용을 모두 다루면 성공했다고 느낀다. 두 번째 목표를 가진 설교자나 교사는 청중이 함께 호흡할 때 성공했다고 느낀다. 그러나 만일 당신이 삶을 변화시키는 설교를 하기로 결정한다면 당신의 청중들의 행동이 변화되기 전까지는 만족하지 못할 것이다. 그리고 당신은 그런 변화가 일어나는 것을 보기 위해 무엇이든 기꺼이 하고자 할 것이다.

그리고 최종적으로 나는 우리 교회 교인들이 가정, 재정, 직업, 인간 관계 등 자신의 삶 모든 영역에서 하나님을 신뢰하기를 원한다. 이런 종류의 신뢰는 우리가 알고 있는 것들을 실천할 때 나타난다. 순종의 행동은 우리의 믿음이 하나님의 성실하심과 서로 교차할 수 있게 해준다. 우리는 그러한 만남 가운데서 하나님이 역사하시는 것을 보게 된다. 그리고 그분이 역사하시는 것을 볼 때 우리의 믿음은 더욱 커진다.

모든 말과 행동이 끝났을 때

그러면 당신의 목표는 무엇인가? 당신은 성공을 무엇이라고 정의하는가? 당신은 당신이 주일에 어떻게 하는가와 사람들이 월요일에 무엇을 하는가 가운데 어느 것에 더 관심이 많은가? 그리고 만일 당신이 더 관심을 갖는 것이 후자라면 당신의 커뮤니케이션 접근 방법은 당신이 이루고자 하는 것을 뒷받침해주는가? 아니면 서로 경쟁하는가?

당신은 내 접근 방법을 받아들이지 않을 수도 있다. 그래도 좋다. 그렇지만 나는 당신이 이 목표를 받아들이기를 기도한다. 우리에게 청중은 충분히 있다. 우리는 행하는 사람, 적용하는 사람이 필요하다. 이는 우리에게는 적용이 포함된 설교와 영감이 전달되는 선포가 필요하다는 의미다. 당신은 당신이 맡은 사람들이 단지 듣는 데서 끝나지 않고 그대로 행하도록 인도하는 것을 목표로 삼겠는가? 그리고 당신은 당신에게 어떤 변화가 요구된다 해도 사람들을 그 수준까지 인도하기 위해서라면 그것을 반드시 행하겠다고 결심하겠는가?

나는 몇 년 전에 사람들 앞에 서서 메시지를 전달하기 바로 전에 있는 우리 설교자 가운데 한 사람과 이야기를 나눈 적이 있다. 나는 그의 바디 랭귀지를 통해 그가 머릿속에 든 것을 그대로 전하려고 무진 애를 쓰고 있다는 것을 알 수 있었다. 그는 똑바로 전하기를, 훌륭하게 전하기를 간절히 원했다. 그것은 내게 항상 빨간 신호와 같은 것이었다. 그는 곧 걸어나가 우리 모두가 수없이 행한 그 일을 하려 했다. 그는 어떻게 하면 잘 전할 수 있을지에 몰두한 채 강대상 앞으로 걸어나가려 했다. 그래서 나는 그를 옆으로 불러내 내가 전할 내용에 너무 신경을 써서 청중을 잊어버렸을 때 나 자신에게 해주는 것과 동일한 이야기를 한 꼭지 전해주었다. 내가 한 말은…

"만일 당신의 18살 된 아들이 그럴 만한 이유가 없는데도 당신이 그 아이에게 가르친 모든 것을 도덕적, 윤리적, 신학적으로 벗어나려고 마음먹었다면 이 메시지를 어떻게 전달하겠습니까? 만일 오늘 아침 그 문제가 불거진 것을 안다면 뭐라고 말하겠습니까? 왜냐하면 밖에 있는 누군가의 아들에게 이것은 그에게 남은 마지막 기회이기 때문입니다. 이제 당신이 만든 초안에 대한 걱정은 그만두세요. 걸어나가 마치 당신의 아들의 미래가 위험에 처한 것처럼 준비한 내용을 전하세요."

그리고 그는 그렇게 했다.

그렇다면 당신의 목표는 무엇인가? 설교를 하거나 가르친 다음에 당신은 무엇을 기대하는가? 당신이 얻은 것은 무엇인가? 더 똑똑해진 사람들? 변화된 사람들? 하나님을 더 확신하게 된 사람들? 이것은 매우 중요한 질문이다. 왜냐하면 당신이 택한 커뮤니케이션 방법은 당신의 목표와 조화를 이루어야 하기 때문이다. 만일 당신이 최종적으로 원하는 것이 삶을 변화시키는 이야기라면 나는 당신이 자신의 목표에 부합하는 접근 방법을 개발하는 것을 도와줄 수 있을 것이다. 만일 당신이 단순히 성경을 사람들에게 가르치거나 사람들에게 성경에 관해 전달하는 것으로 만족한다면 나는 당신이 이 책을 제대로 선택했다고 말하기 어렵다. 하지만 어떤 경우든 기대감을 가지고 끝까지 읽어나가기 바란다.

- 커뮤니케이션에 관한 우리의 접근 방법은 커뮤니케이션에 대한 우리의 목표를 따라 정해져야 한다.

- 우리의 목표는 삶을 변화시키는 것이어야 한다. 구체적으로 말하자면, 사람들에게 성경의 가치, 원리, 진리를 드러내는 삶을 사는 방법을 가르치는 것이다.

- 당신이 삶을 변화시키는 설교에 매진할 때 다음 두 가지 중요한 질문에 대답하기 전까지 그 준비는 끝나지 않는다. '그래서 무엇을?' '이제 무엇을?'

12장

핵심을 잡으라

:: 당신은 무엇을 말하려고 하는가?

만일 사람들 앞에서 말하는 것을 여행에 데리고 가는 것과 비교한다면 설교자는 모든 사람을 동일한 역에서 태우고 동일한 목적지로 데려다주는 것이 필요하다. 우리가 이 책에서 전개하고 있는 접근 방법은 설교자가 하나의 목적지, 전달하고 싶은 하나의 개념, 성취하고자 하는 구체적인 것을 염두에 두고 있다는 것을 전제로 한다. 그리고 일단 그 핵심, 그 개념, 그 목적지가 분명해지면 목표는 메시지 안의 모든 것을 그 한 가지에 맞게 수정하는 것이다.

모든 여행은 어딘가에서 시작해서 어딘가에서 끝을 맺는다. 그와 동일한 일이 모든 이야기에도 적용될 수 있다. 좋은 여행은 항상 종착지를 염두에 두고 계획된다. 이것은 모든 설교에도 동일하게 적용되어야 한다. 불행히도 우리 대부분이 성장하며 들었던 메시지는 하나의 분명한 목적지가 아니라 여러 개의 핵심을 중심으로 만들어진 것이다. 더 좋지 않은 것은 우리는 대부분 그런 본보기를 보면서 훈련을 받았다는 사실이다. 당신은 내가 무슨 말을 하는 것인지 알 것이다.

"하나님이 남자에게 원하시는 것은…"

1. 자기 아내를 사랑하라.
2. 자기 아내를 인도하라.
3. 자기 아내로부터 배우라.

… 그러나 그런 적은 한 번도 없다 …

4. 자기 아내에게 맡기라.

이 접근 방법의 문제점은 마지막 핵심에 이를 때면 아무도 처음의 세 가지 핵심을 기억하지 못한다는 점이다. 처음 세 가지 핵심이 만든 어떤 영향도 그 뒤에 나오는 정보와 예화에 의해 말끔히 씻겨나간다. 대개의 경우 끝까지 기억에 남는 것은 마지막 주제다. 그것마저도 그 주제가 기억에 남는 방식으로 전달되어졌다는 것을 전제로 한다.

여러 개의 핵심을 설교하는 것의 또 다른 문제는 그 방식이 우리가 살고 있는 세상을 반영하고 있지 않다는 점이다. 우리는 핵심에 따라 우리의 삶을 살지 않는다. 우리는 우리의 감정에 따라 산다. 우리는 우리가 보고, 냄새 맡고, 느낀 것에 반응한다. 따라서 우리가 그 핵심들을 일일이 기억할 절대적인 이유는 없는 것이다. 그런 목록들은 전혀 도움이 되지 않는다. 무엇에도 소용이 없다. 이 사실은 그 핵심들을 하나씩 짚어가고 있는 설교자도 잘 알고 있다.

그렇기 때문에 그는 자기 노트를 참고하는 것이다. 그들은 자기가 만든 핵심을 외우려고 고생하지 않는다. 이 얼마나 역설적인가. 우리가 만든 핵심들은 우리 설교 노트에서 나와 청중의 노트로 옮겨가는데, 이것은 그들이 분명 그것을 외우기 위해 애쓸 것을 전제로 하는 것이다. 대부분의 경우, 우리가 암시한, 사람들을 솔깃하게 만든, 같은 글자로 시작했던 핵심들은 우리의 노트에서 우리의 입술로 그리고 이어서 허공 중에 퍼졌다가 다시 우리 파일로 들어온다. 그래서 아무 의미가 없는 것처럼 보인다.

핵심 중의 핵심은 전체 개요를 통해 사람들을 조직적으로 움직이게 하는 것이다. 그리고 만일 그것이 당신의 목표라면 당신이 만든 핵심에 전념하라. 그로부터 좋은 일이 생길 것이다. 그러나 만일 삶을 변화시키는 것이 당신의 목표라면 핵심을 하나씩 나열하는 것은 가장 효과적인 방법이 되지 못한다.

이제 만일 당신이 핵심을 하나씩 나열하는 설교자라면 당신은 아마 앞의 마지막 문장에 화를 낼 수도 있고 또한 그럴 법도 하다. 그 말이 의미하는 것은 당신의 나열식 설교가 삶을 변화시키는 결과를 가져오지 못한다는 것이다. 그리고 어쩌면 당신은 당신의 설교로 인해 삶에 큰 영향을 받고 있는 사람들을 증거로 제시할 수도 있다. 그러면 이렇게 반대되는 증거가 있는데도 당신의 접근 방법을 시큰둥하게 여기고 있는 나는 대체 어떤 사람일까?

다시 한 번 말하지만, 만일 당신의 목표가 삶을 변화시키는 것이라면 핵심 나열식 설교는 가장 효과적인 방법이 아니다. 내가 주장하는 것은 핵심 나열식 설교가 절대적으로 비효율적인 것이 아니라 더 좋은 접근 방법이 있다는 것이다. 나는 핵심 나열식 설교를 들으며 성장했다. 우리 아버지야말로 그런 설교의 권위자였다. 그리고 그동안 수많은 사람들은 아버지의 설교를 통해 그들의 삶이 변화되었음을 기꺼이 인정할 것이다. 그렇지만 내 의견은 이렇다. 삶을 변화시키는 것은 그런 여러 개의 핵심들이 아니다. 사람들에게 변화된 삶을 살게 하고, 더 충만하게 만드는 것은 그가 메시지를 마치면서 전한 열정과 실천에 대한 구체적인 요청이다. 그리고 나는 당신의 설교도 마찬가지일 거라고 생각한다. 솔직히 말해서 당신이 지난주에 증거한 서너 가지 핵심 가운데 가장 강력한 것, 사람들을 변화시킬 수 있도록 영감을 불어넣는 것을 맨 마지막에 배치했을 것이라고 믿는다. 다음 내용에서는 당신에게 하나의 핵심을 중심으로 전체 메시지를 세워나가는 방법을 가르쳐주고자 한다.

핵심이란 무엇인가?

내가 말하는 핵심^{point}이란 적용, 깨달음, 혹은 원칙의 세 가지 가운데 하나를 가리킨다. 이 접근 방법에서 모든 메시지는 하나의 중심 개념, 적용, 깨달음, 혹은 원칙을 갖고 있어서 그것이 다른 부분을 함께 통합하는 아교와 같은 역할을 해야 한다. 좀 더 거시적인 단계에서 말하면 모든 연속 설교 역시 마찬가지다.

다음의 예화가 이해하는 데 도움이 될 것이다. 나는 최근에 '멈추라'는 제목으로 예수님이 당하신 세 가지 유혹에 관한 연속 설교를 마쳤다. 이 연속 설교의 핵심은 다음과 같다. 유혹은 항상 당신의 믿음에 대해 시험하는 것이지 당신의 자기 통제력을 평가하는 것이 아니다. 우리는 세 개의 연속 설교 내내 이 개념을 되짚었다. 그러나 그 연속 설교 안의 각각의 메시지는 또한 각각 하나의 구체적인 핵심을 지적하도록 설계되었다. 그것은 다음과 같다.

- 유혹은 당신의 미래, 당신의 가정 그리고 당신의 믿음을 훔쳐갈 수 있다.
- 무책임한 방법으로 자신의 육체적인 욕구를 채우고 싶어하기 전에 멈추라.
- 하나님을 조종하려고 시도하지 말고 그분과 협력하라.
- 급한 것과 중요한 것을 맞바꾸지 말라.

이 연속 설교의 의도이자, 또한 첫 번째 설교 가운데 제시한 핵심은 깨달음이다. 두 번째 설교의 핵심은 명령들 혹은 적용들이다. 우리가 추구하는 복표는 여러 가지 형태 가운데 하나를 취하지만, 핵심, 목적지, 최종 결론은 항상 하나다.

두 가지

이 방법의 성패를 결정짓는 관건은 다음 두 가지 질문에 대한 해답을 알기 전에는 일어서서 말하지 않는 것이다.

- 내가 청중들에게 알려주고 싶은 것은 무엇인가?
- 그와 관련해 청중들이 무엇을 하기 원하는가?

그 두 가지 질문은 나를 매우 곤혹스럽게 만든다. 나는 세 쪽이나 되는 설교 초안을 작성했어도 이 두 질문에 대한 해답을 얻지 못할 때면 설교 준비를 마치지 못했다고 생각하고 컴퓨터 앞에서 물러나지 않는다.

"하지만 잠깐만요." 당신은 이렇게 주장할 수 있다. "내가 사람들에게 알려주고자 하는 것이 두 가지일 때는 어떻게 하죠?" 그건 훌륭한 일이다. 그러면 2부로 된 연속 설교를 하면 된다. 그리고 하나를 택하고 거기에 초점을 맞추라.

그렇지만 솔직히 말해서, 보통의 설교자들은 자기 이야기를 두 가지로 좁히려고 시도조차 하지 않는다. 내게 되돌아오는 응답은 보통 이런 것들이다. "하지만 사람들에게 알려주고 싶은 것이 여러 개일 때는 어떻게 하죠?" 그럼 아껴두라.

우리에게 앞으로 수많은 주일이 기다리고 있다. 당신 앞에는 능히 하나의 연속 설교를 하기에 충분한 설교 거리들이 놓여 있다. 이 장의 처음 부분에서 내가 제시한 개요는 그 좋은 예다. 내가 좋아하는 설교자 가운데 한 분은 자기 아내는 이따금씩 설교가 끝난 뒤 자신에게 이렇게 말했다고 한다. "나 그 설교들이 너무 마음에 들어요."

이 방법을 통해 당신은 하나의 개념, 원칙, 적용, 혹은 깨달음을 선택하고 그것을 중심으로 쌓아나간다. 당신은 한 편의 설교 안에서 유용하면서도 삶을 변화시킬 잠재력이 있는 것들을 십여 가지 이상 말하고자 한다. 그리고 우리에게는 우리가 전한 것이 자신에게 큰 의미가 되었다고 말해주는 사람이 있는데, 우리는 그것이 무엇이었는지 기억하지도 못할 때가 있다. 우리는 정보가 어떻게 그리고 어디로 우리의 청중들에게 안착하는지 통제하지 못한다. 그들의 삶의 경험은 하나의 그물을 만들어 자기가 들은 모든 것을 거르는 채가 된다. 내가 제안하는 것은 당신의 청중들에게 두 가지나 세 가지, 혹은 네 가지 개념을 전하지 말고 오직 한 가지만을 선택하라는 것이다.

발견

다음 단락에서는 하나의 핵심을 발견하고, 전개하고, 그것을 중심으로 세워나가는 일과 관련해 내가 알고 있는 모든 것을 펼쳐 보이려 한다. 그러나 당신이 아무리 오랜 시간에 걸쳐 설교나 가르침을 베풀든 내 생각에 당신에게 힘든 과제가 되는 것은 하나를 발견하는 것이 아니라 나머지 세 가지를 소기하는 것이다. 당신은 설교 준비를 마칠 무렵이면 그 메시지의 힘이 어디에 있는지 잘 알게 될 것이다. 당신은 "아하!" 하는 순간이 어디인지 알게 될 것이다. 준비를 마칠 때쯤 당신은 자신을 가장 흥분시키는 부분이 어디인지 잘 알게 될 것이다. 바꿔 말하면, 당신은 중요 핵심을 어떻게 발견하는지를 알고 있다. 당신은 언제 그 중요 핵심을 발견했는지를 안다. 당신이 초점을 맞추어야 하는 것은 그것을 중심으로 나머지를 쌓아나가는 것이다.

만일 이 생각에 대한 당신의 반응이 "하지만 어떤 때는 밤늦도록 준비했는데도 핵심이 무엇인지 모를 때가 있어요"라면 당신은 올바른 궤도에 들어선 것이다. 나도 늦은 시간까지 준비하는 가운데 핵심이 무엇인지 모를 때가 거의 대부분이다. 그리고 마지막으로 핵심을 찾았을 때, 혹은 그것이 내게 찾아왔을 때, 나는 다시 처음으로 돌아가 뒤죽박죽된 모든 것을 말끔히 치워 그것이 하나의[a] 핵심이 아니라 그[the] 핵심이 되게 해야 한다. 그래서 그것을 다른 여분의 내용들과 함께 개요 가운데 그저 자리잡게 하는 것으로 그치는 것이 아니라 그것을 중심으로 전체를 재구성해야 한다. 나는 토요일에 부엌에 들어가 아내에게 "아직 핵심을 잡지 못했어. 네 페이지나 초안을 잡았는데 핵심은 아직 못 잡았어!"라고 말한 적이 여러 번 있다. 다행히 그런 일은 예외적인 경우였다.

한 가지 핵심을 가진 메시지 One point message 를 전개하는 과정은 다음과 같은 단계로 나눌 수 있다.

1. 찾을 때까지 파나가라.
2. 핵심을 중심으로 모든 내용을 세워나가라.
3. 가슴에 와닿게 하라.

13장은 두 번째 단계에 초점을 맞추고 있다. 그래서 여기서는 그 부분은 간단히 언급하고자 한다.

1. 찾을 때까지 파나가라.

그 한 가지가 보통 맨 뒤에 찾아오는 이유는 설교 준비는 발견하는 과정이기 때문이다. 준비에는 본문이 말하는 것과 말하지 않는 것, 본문이 말하기를 바라는 것, 본문이 말할 것으로 기대하지 않는 것들을 발견하는 과정이 포함된다. 그와 동시에 설교 준비에는 본문을 경험에 상세히 비추어보는 일이 포함된다. 초대교회와 21세기라는 문화적 괴리를 뛰어넘는 일은 쉽지 않지만, 단순한 정보의 전달이 아닌 삶의 변화를 위해 전달하고자 한다면 반드시 필요하다.

만일 우리의 목표가 사람들에게 성경의 원리와 가치를 드러내는 삶을 사는 방법을 가르치는 것이라면 그 한 가지는 본문 가운데 근거를 삼아야 한다. 그러나 본문이 가르치고 있기는 하지만 아직은 하나의 강력한 통합 개념을 갖고 있지 않은 것을 정확하게 반영하고 있는 전체적인 설교 초안을 전개하는 것은 가능하다. 나는 너무 많은 설교자들이 '말씀' 가운데 강조되어야 할 필요가 있는 한 가지를 응축하기 위해, 그것도 일 분 안에, 시간을 들이는 대신 그저 '말씀을 선포하는 것'에 만족하는 것이 걱정이다.

흔치 않은 경우지만 공식적인 준비를 시작하기 전에 이미 핵심을 아는 경우도 있다. 때로는 그 핵심이 본문이 아니라 생활 가운데 자연스럽게 드러나기도 한다. 어떤 때는 살면서 하나의 생각, 원리 혹은 적용이 불현듯 떠올라 그에 대한 성경적인 근거를 찾으려 하는 적도 있다. 그런 접근법은 신학교에서는 전혀 권장하지 않는 방법이다. 그리고 그럴 만도 하다. 성경이 우리의 생각과 견해를 지지하게 만드는 일을 하지 않도록 조심해야 한다. 그러나 우리로서는 언제 어디서 참되고 유용한 어떤 것과 만나게 될지 전혀 알지 못한다. 종종 가족 가운데 누군가가 설교를 준비하는 데 도움이 되는 깨달음이나 개념을 전해주기도 한다. 나는 당신도 이와 비슷한 경험을 했을 것이라 생각한다. 깨달음이란 것은 성경 본문은 물론 삶으로부터도 나올 수 있는 것이기 때문에 우리는 두 가지 모두를 공부해야 한다.

하나의 설교나 연속 설교를 이끌 수 있는 개념이 떠올랐을 때 내가 제기하는 질문은 다음과 같다.

- 이 개념에 대해 성경은 무엇이라 말하는가?
- 만일 아무 말씀이 없다면 왜 그런 것일까?
- 성경 가운데 그런 주제나 개념과 대면해야 하는 상황에 부딪힌 사람은 누구인가?
- 그들은 무엇을 했는가? 그들은 나라면 했을 것으로 예상되는 어떤 행동을 하지 않았는가?
- 예수님은 이 주제를 직접적으로나 간접적으로 말씀하셨는가?

이 시점에서 나는 운전대에서 손을 떼 본문이 나를 인도하여 다른 길로 돌아가지 않게 한다. 일단 당신의 위대한 생각을 말하고 있는 본문이나 성경 이야기를 발견하면 성경이 스스로 말하게 하라. 비록 본문이 당신의 생각이나 그 안에 포함된 가정들과 모순된다 해도, 본문이 말하게 하라. 바로 그 갈등 가운데 당신은 가장 커다란 발견을 할 수 있을 것이다. 우리의 생각이 개입할 때 우리는 자신도 모르는 사이에 성령의 감화에 저항하게 된다. 바로 그 순간 우리는 본문을 오용하는 위험에 빠지게 된다.

내가 선포한 가장 힘든 설교는 이혼과 재혼에 관한 주제를 다룬 것이었다. 나는 예수님이 재혼에 관해 말씀하신 내용을 좋아하지 않았다. 표면적으로 그 말씀은 약자를 정죄하고 그들의 앞길에 놓인 선택권을 제한하는 것으로 보인다. 그래서 그분이 말씀하신 것은 건너뛰고 그 대신에 사도 바울이 말한 청중과 친근한 방법을 받아들이고 싶은 충동이 인다. 그러나 나는 그 설교를 예수님이 그 주제에 관해 말씀하신 것으로 제한하기로 결정했다.[7] 아무런 보호막도 치지 않았고, 신약의 다른 부분과 조화시키려는 시도도 하지 않았다. 그 설교의 핵심은 하나님이 하나 되게 하신 것을 사람이 나눌 수 없다는 것이었다.

그것은 유명한 말씀이다.

나는 이 주제 그리고 특별히 예수님의 생각을 접하고 얼마나 마음이 불편했는지를 우리 성도들에게 들려주었다. 그분이 말씀하신 것은 한 가지 이유가 있었다. 내가 준비한 한 가지 핵심에 접어들면서 나는 두 개의 물 잔을 들었다. 하나에는 빨간색 물감이, 다른 잔에는 초록색 물감이 풀어져 있었는데, 나는 그것을 미리 준비한 하나의 빈 유리 그릇에 쏟아부었다. 본문은 물론 이 예화는 그 핵심을 정확하게, 어떤 점에서 고통스러울 정도로 분명하게 짚어냈다. 예배당은 침을 삼키는 소리가 들릴 정도로 고요했다.

본문 가운데 마음이 불편한 내용을 발견했을 때(실제로 그런 부분은 너무나 많이 있다) 제기할 가장 좋은 질문은 "왜 하나님은 우리를 사랑한다고 주장하시고 자신의 사랑을 증거하시면서도 이런 말씀을 하시는 것일까?" 이다. 나는 이 질문을 붙잡고 오랜 동안 씨름을 할 때마다 항상 무언가 새로운 것을 배운다. 나중에 드러난 것처럼 그 설교는 이혼한 부부 그리고 재혼한 부부에게 엄청난 위로가 되는 말씀으로 나타났다. 그것은 왜냐하면 사람들에게 그들이 어떤 처

---

7. 이 기록과 관련해 나는 이 주제에 관한 예수님과 바울의 가르침 사이에 아무런 모순이 없다고 본다.

지에 있고 또한 어떤 처지에 있지 않은지를 발견할 수 있도록 도와줄 때마다 그들은 자신이 가야만 하는 곳으로 가는 방법을 분명하게 깨닫게 되기 때문이다.

내 핵심은 본문이 스스로 말하게 하는 것이다. 그 내용이 당신이 사전에 갖고 있던 생각과 일치한다면 그보다 더 좋은 일은 없다. 그렇지 않으면, 더 깊이 파고들어 새로운 무언가를 배우라. 그리고 그 한 가지를 캐낼 때까지 계속 파고들라.

우리는 매 사분기마다 '부부 생활 만세'라는 이름의 행사를 개최한다. 이 행사의 목적은 결혼한 부부들에게 결혼의 여섯 가지 비결 가운데 하나에 초점을 맞추도록 도와주는 것이다. 이 여섯 가지 비결은 행복한 결혼 생활을 위해 더 이상 줄일 수 없는 최소한의 것이라고 믿는 것들이다. 우리는 사분기에 하나씩 초점을 맞추어 여섯 가지를 모두 다룬 다음 처음부터 다시 시작한다. 그러나 새롭게 시작할 때마다 제시하는 방법을 변화시킨다. 그래서 지난 몇 년간 진행된 강좌에 참석한 부부들은 저마다 새로운 방식으로 제시된 그 비결들을 접하게 된다.

그 비결 가운데 하나는 '낭만을 키우라'이다. 몇 년 전 이 행사를 주관하던 사람이 이 책의 공저자인 레인 존스 Lane Jones 에게 그 행사와 관련해 이 한 가지 비결에 어울리는 기조 연설을 해달라고 부탁했다. 결혼 생활에서 낭만을 키우는 일에 관해 할 수 있는 이야기는 수없이 많을 것이다. 그렇지만 레인은 하나의 핵심을 선택하기로 마음먹었다.

레인은 낭만을 키우는 여러 가지 일을 하나씩 제시하는 대신 한 가지 것만을 중심으로 이야기를 풀어가기로 결심한 후 그날 밤의 핵심 주제가 될 간단하지만 심오한 내용을 발견하였다. 그의 강연 전체는 이 하나의 생각을 중심으로 집중되었다. 그것은 당신은 당신 배우자의 삶에 낭만을 가져다줄 유일한 합법적인 존재라는 것이다. 그는 어떻게 하면 배우자로부터 무언가를 얻는가에 초점을 맞추는 대신 우리만이 갖고 있는 특별한 역할에 관심의 초점을 맞추었다. 다시 한 번 말하지만 그것은 간단하면서도 심오한 개념이었다. 그 개념은 어디에서 온 것일까? 그것은 성경 공부, 토론, 관찰 그리고 무엇보다 자신의 메시지를 세워나갈 기반이 될 '그 깨달음'을 발견할 때까지 끝까지 파고들겠다는 결심이 한데 어우러진 결과다. 일단 이 접근 방법을 채택하고 '그 핵심'을 발견할 때까지 파고들기를 멈추지 않겠다고 결심할 때 당신은 자신이 찾아낸 것을 보고 깜짝 놀라게 될 것이다. 레인의 경우 청중들에게 여러 가지 일을 하나하나 나열하는 것이 훨씬 쉬웠을 것이다. 그러나 그런 목록은 종이 위에 기록된 것으로 그친다. 단순하면서도 강력한 사상은 사람의 마음을 꿰뚫는 법이다.

2. 핵심을 중심으로 모든 것을 세워나가라.

앞에서 말한 것처럼 일단 그 한 가지를 발견하면 다음 단계는 처음으로 돌아가 그 핵심을 중심으로 메시지 전체의 방향을 설정하는 것이다. 우리는 사람들을 데리고 여행을 떠난다는 것을 기억하라. 일단 목적지를 정하면 그곳까지 가는 가장 짧고 명확한 길을 청중들에게 제시할 책임이 있다. 이 말은 주제에 적합하지 않은 것들을 제거해야 한다는 의미다. 당신은 내가 무슨 말을 하고 있는지 잘 알 것이다. 바로 충전재, 곧 주어진 시간 동안 말할 거리가 떨어지지 않도록 채워넣은 것들이다. 물론, 처음 준비 단계에서는 그런 것들이 어느 정도 필요하다. 당신이 말하고 싶어하는 이야기. 언제나 웃음을 가져다주는 한 마디 농담. 누구에게서 들은 것이 아니라 자신의 창작이라고 생각하는 깨달음. 청중들로 하여금 당신의 학문적 역량을 인정하게 해줄 원어에 담긴 미묘한 의미의 차이 등이 그것이다. 그러나 하나의 개념, 하나의 깨달음, 혹은 하나의 적용을 발굴해내면 그런 충전재들은 버려야 한다. 스스로에게 물어보라. 이것들이 정말 여행에 도움을 줄까, 아니면 그저 웃음이나 전해주고 시간을 채우는 것에 불과할까?

이 과정은 짜증나는 일일 수도 있다. 서너 시간을 들여 하나의 본문으로부터 네다섯 가지의 매력적인 광맥을 캐내면 그것들을 모두 나누고 싶은 생각이 들 것이다. 영화를 편집하는 과정에서 멋진 장면들이 담긴 필름들을 모두 잘라버리는 것은 큰 낭비로 보여질 수도 있다. 그러나 그것이야말로 당신이 훈련받아야 하는 것들이다. 지엽적인 것들을 잘라내는 일은 수로의 폭을 좁히는 것과 같은 것이다. 그 결과 사람들은 당신이 인도하는 길에서 벗어나지 않고 잘 따라올 수 있게 해주는 훨씬 더 강력하고 초점이 잡힌 메시지를 얻을 수 있게 된다. 그리고 그 나머지 내용들은 따로 비축해두라. 주일은 매주 찾아온다. 나는 우리 스태프들이 주일 오전에 설교를 전할 때는 그에 앞서 주중에 두세 차례 미리 만난다. 그 모임에서 가장 고통스러운 순간은 내가 그들을 보고 "여기 중심 개념이 있군요. 그럼 다시 처음으로 돌아가 그것을 중심으로 모든 내용을 재정렬하세요"라고 말할 때다. 그 말이 고통스러운 이유는 그 작업을 통해 정말 좋은 내용을 잘라내야 하기 때문이다. 게다가 그들은 설교 준비가 끝났다고 생각한다. 만일 당신이 시간을 내서 그 한 가지를 중심으로 전체 메시지의 방향을 재조정하지 않는다면 그 메시지는 다른 것들에 치여 방향을 상실하게 될 것이다. 이 부분은 다음 장에서 좀더 자세하게 다룰 것이다.

3. 가슴에 와닿게 하라.

일단 핵심을 발견하고 그것을 중심으로 메시지를 다시 구성하면 다음 단계는 그것에 집중하는 하나의 문장이나 구를 만들어내는 것이다. 그것은 가능한 기억에 남는 것이어야 한다. 그러면 당신뿐 아니라 청중에게도 도움이 될 것이다. 그 내용이 짧고 기억에 오래 남는 것이라면 메시지 전체에 잘 스며들게 하기 쉬울 것이다. 그리고 그 문장이 잘 정리된 것이라면 청중들은 그것이 당신이 전하려는 핵심이라는 것을 분명히 알게 될 것이다.

일반적으로 말해서 사람들은 하나의 단락에 의해 영향을 받지 않는다. 단락 전체를 기억하는 사람은 아무도 없다. 사람들은 하나의 와닿는 문장에 영향을 받는다. 당신이 만든 하나의 핵심을 하나의 가슴에 와닿는 문장으로 줄이기 위해 공을 들이라. 그것이 반드시 근사한 문장이거나 운율을 맞출 필요는 없다. 그렇지만 짧고 기억하기 쉬운 것이어야 한다. 그 문장은 당신의 닻과 같은 것이다. 그 닻은 메시지 전체를 하나로 연결하고 제 길에서 벗어나는 것을 막아준다. 바로 그것이 사람들이 기억하는 것이 될 것이다.

여기 몇 가지 예문이 있다.

- 당신의 친구가 당신의 인생의 방향과 수준을 결정한다.
- 순결은 친밀함으로 가는 지름길이다.
- 당신이 하나님이 보시는 것처럼 보게 될 때 하나님이 말씀하시는 것을 행한 것이다.
- 순종은 탁월함으로의 초대다.
- 모든 사람은 어딘가에서 영원히 산다.
- 인정받을 때 영향력을 발휘할 수 있다.
- 착한 사람이 천국에 가는 것이 아니라 용서받은 사람이 간다.
- 하나님은 자신에게 진심으로 헌신하는 사람을 진심으로 책임지신다.
- 하나님을 조종하려 하지 말고 그분과 협력하라.
- 왜인지 이해하려면 순종하고 적용하라.
- 다른 사람 먼저.
- 가장 큰 자유는 하나님의 권세 아래에서 발견할 수 있다.

당신이 전하려는 핵심은 성경에서 바로 인용한 문장 하나일 수도 있다. 학생들에게 우정에 관해 이야기할 때 내가 사용하는 그 한 가지는 잠언 13장 20절의 전반부다. "지혜로운 자와 동행하면 지혜를 얻는다." 그리고 순결에 관한 메시지는 고린도전서 6장 18절로부터 이끌어내는데, 내 핵심은 단 하나의 동사다. "피하라!"

어떤 경우에 그 하나의 핵심은 질문일 수도 있다. 나는 요셉의 생애에 관해 연속 설교를 한 적이 있다. 그 설교 전체를 통해 내가 제기한 질문은 이것이다. "당신은 하나님이 자신과 함께하신다는 사실을 절대적으로 확신할 때 어떻게 행동하겠는가?" 난 요셉에 관한 이야기 중간중간에 이 질문을 계속 던졌다.

요한복음 6장을 설교할 때의 핵심은 본문에 나오는 다음과 같은 질문이었다. "우리가 뉘게로 가오리이까?"[8] 그리고 일 년 뒤에 한 대학 신입생으로부터 받은 편지를 결코 잊지 못할 것이다. 그녀는 첫 학기에 학교 기숙사에 들어갔는데 그곳의 학생들은 모두 광란에 휩쓸렸다. 그녀는 믿음은 잠시 뒤로하고 저 즐거움에 뛰어들면 어떨까 하고 생각했다. 그리고 이렇게 편지에 썼다. "그렇게 생각하고 있는데, 목사님이 하신 말씀이 머릿속에 울렸습니다. '나는 누구에게 갈까? 나는 누구에게 가야 하나? 그리스도가 아니라면 누구에게 가야 하는 걸까?'" 그날 밤 그녀는 대학 생활 가운데서도 그리스도를 따르기로 했던 결심을 다시 한 번 공고히 했다. 그리고 1학년 말에 그녀는 동아리 리더가 되었다. 성경 공부 모임을 시작했던 것이다. 그리고 학부 생활 동안 여동생들을 믿음의 길로 인도했다. 그녀는 그날 밤이 결정적인 순간이었다고 말한다. 그 말은 내가 한 것이 아니다. 그러나 그녀는 그 메시지 가운데 여러 차례 반복된 그 질문을 들었고, 그것은 그녀의 마음 깊이 와닿았다. 그리고 성령님은 그 결정적인 순간에 함께하셨다.

가슴에 와닿는 문장을 만들어내는 일은 대부분의 설교자들이 건너뛰는 단계다. 나는 왜 그런지 이유를 알고 있다. 설교를 준비하는 과정에서 이 시점에 도착하면 피곤해진다. 30분에서 40분 정도 내가 말하는 것을 들으면 내가 무슨 말을 하고 있는지 충분히 알게 된다. 그건 있을 수 있는 일이다. 그렇지만 사람들이 교회 주차장을 향해 걸어가는 순간 그 내용은 천천히 빠져나가기 시작한다. 내용을 말해주는 것으로는 부족하다. 우리는 그 내용이 사람들에게 와닿을 수 있게 말해주어야 한다. 당신의 목표가 단순히 정보의 전달이 아니라면 말이다. 만일 당신이 그저 성경을 가르치거나 혹은 사람들에게 성경을 가르친다면 잘 만들어진, 기억에 잘 남는 문장은 필요하지 않다. 그저 주어진 본문을 모두 다루면 그것으로 족하다.

나는 이 추가적인 단계가 결정적인 차이를 만든다고 확신한다. 그렇지만 나는 대부분의 설교자들이 그 일을 하지 않는 이유를 역시나 알고 있다. 사람을 깨어 있게 하거나 집중하게 하기 위해서 그런 단계가 필요한 것이 아니다. 그렇지만 사람들이 예배당을 떠날 때 어떤 일이 일어날지에 관심이 있다면 그 핵심이 마음에 와닿게 해야 한다.

짐을 진 사람

지금까지 우리의 논의는 어느 정도 학문적이었다. 핵심을 잡으라. 기억하기 쉽게 다듬으라. 혹시 하품이 나는가? 그렇지만 하나의 핵심을 설교하고 가르치는 일에는 학구적인 면과 전혀 관계없는 측면이 존재한다. 실제로, 내가 많은 것들 가운데 하나만을 추구하게 만드는 것은 한 가지 핵심 설교의 이점이다. 우리 아버지가 그것을 가리켜 하신 말씀이 있다. 그 분은 그것을 설교자의

'짐^{burden}'이라고 부르셨다.

아버지와 나는 매달 첫 목요일에 만나 간단한 아침 식사를 함께하기로 약속했다. 나는 그 시간을 늘 기다렸다. 나중에는 그 시간에 교회일 전반에 관한 토론이 이루어졌다. 이 특별한 아침에 우리는 설교에 관한 주제를 다루었다. 만일 당신이 우리 아버지의 설교를 들었다면 당신은 그분이 핵심의 달인이라는 것을 알 것이다. 여덟 가지, 혹은 열두 가지 핵심을 얻을 수 있는 데 왜 꼭 세 가지인가? 아버지는 몇 년 동안 그런 식의 설교를 해오셨다. 설교를 적는 사람들은 아버지의 설교를 좋아했다. 사실, 많은 사람들이 아버지를 좋아했다. 어쨌든 나는 계속해서 하나의 핵심을 중심으로 메시지를 세워나가는 개념을 믿고 나갔는데, 아버지가 이런 말을 하셨다. "넌 짐을 져야 해. 대부분의 설교자들이 그 점을 잊고 있지. 짐말이야. 만일 사람들이 짐을 지지 않는다면, 그 설교는 단순히 입에 붙지 않은 말의 나열에 지나지 않아."

대화가 계속되면서 아버지가 말씀하시는 짐이란 것이 그 한 가지를 가리킨다는 것이 분명해졌다. 그것은 그 어떤 대가를 치르고서라도 반드시 전해야 하는 하나의 메시지, 하나의 개념, 하나의 원리, 혹은 하나의 진리다. 그 한 가지는 단순한 정보가 아니다. 그것은 단순히 잘 만들어낸 하나의 어구가 아니다. 그것은 문자 그대로 짐이다. 그것은 설교자의 마음을 그토록 무겁게 짓눌러 반드시 전달하게 만드는 것이다. 그리고 아버지의 말씀은 옳았고, 당신은 설교자가 단순히 정보만을 전달하고 있는지 아니면 짐을 옮기고 있는지를 구별할 수 있다.

설교를 준비하는 과정의 어느 순간에 반드시 잠시 멈추어 "내가 꼭 전달해야 하는 한 가지는 무엇인가? 사람들이 반드시 알아야 하는 그것은 무엇인가?"라고 스스로에게 물어야 할 때가 있다. 이 질문에 아직 대답하지 못한다면 그건 아직 준비가 되지 않은 것이다. 한번 생각해보라. 모든 준비를 마쳤는데도 아직 그 질문에 답할 수 없다면, 설교 가운데 무엇을 핵심으로 전할 것인가? 만일 당신이 그토록 간절히 전달하고자 하는 것이 무엇인지 스스로 알지 못한다면 청중들은 그것이 무엇인지 전혀 알 수 없을 것이다.

간절히 전하고 싶어서 메시지의 그 부분이 될 때까지 기다리지 못할 정도로 애타는 부분이 있는가? 만일 그렇지 않다면 당신은 아직 준비가 되지 않은 것이다. 아직 짐을 지지 않은 것이다. 비록 수많은 정보를 전달하고 그 모든 내용이 진실일 수도 있지만, 사람들에게 반드시 필요하기 때문에 꼭 전해주어야겠다고 간절히 느끼는 무언가가 없는 한 당신은 여전히 준비해야 할 필요가 있다.

당신을 잠에 빠지게 하는 설교들은 정보는 들어 있지만 짐을 지지 않은 사람들에 의해 전달된 것이다. 짐은 설교에 열정을 가져다준다. 짐은 생명이 없는 신학에 절박한 진리를 가져다준다. 고등학교 학생들에게 순결에 대해 설교할 때 내가 전하는 메시지는 간단하다. 순결은 친밀함으로 가는 지름길이다. 그러나 그것은 하나의 원리 이상의 것이다. 그 말은 멋진 문장 이상의 것이다. 그것은 내가 십대 때 계속 져왔던 짐이다. 그것은 그들이 반드시 알아야 하는 그 무엇이다.

메시지를 하나의 개념으로 줄일 때 가장 전달하고 싶은 한 가지를 중심으로 하나의 이야기를 만들어내게 될 것이다. 그 작업은 메시지를 기억하고, 끌어안으며, 자기 것으로 삼는 일을 더 쉽게 만들어준다. 왜일까? 그것은 당신의 목표가 그 한 가지 핵심을 전하는 것이기 때문이다. 당신이 분명한 의식을 갖고 처음 설정된 목적지를 향해 벗어나지 않고 달려가면 그 과정에 무엇을 남겨두었는지는 전혀 문제가 되지 않는다. 중요한 것은 당신이 청중들을 데리고 함께 가는 것이다.

그러나 만일…

경우에 따라 어떤 사람은 이렇게 질문할 수도 있다. "하지만 말씀을 취해서 그것을 청중들의 마음과 생각 가운데 역사하게 하는 것은 성령님의 일이 아닌가요? 만일 그렇다면, 우리는 무슨 권리로 메시지의 범위를 그 한 가지에 제한함으로써 성령님의 사역을 제한한다는 것인가요?"

나도 그 말에 동의한다. 입으로 나온 말씀을 취하여 듣는 사람을 뉘우치게 하고, 그에게 확신을 주고, 그를 변화시키는 것은 성령님의 일이다. 그리고 우리가 말한 부분 가운데 어느 부분을 성령님이 선택하여 사용하실지는 우리가 정하는 것이 아니다. 더 나아가 나는 당신도 성령님이 종종 동일한 메시지 가운데 각기 다른 개념, 예화 그리고 깨달음을 취하셔서 서로 다른 사람에게 저마다 다른 방식으로 적용시키신다는 사실에 동의할 것이라 본다. 요컨대, 그분은 마치 바람과 같다. 당신은 그분을 원하는 대로 조종할 수 없다. 그분은 자신이 원하는 대로 행하실 것이다.

그렇지만 만일 그 사실이 우리가 준비하는 과정을 이끄시게 할 예정이라는 의미라면 구태여 우리가 메시지를 조직적으로 준비할 필요가 있겠는가? 왜 그저 단에 서서 이야기를 시작하고, 말씀 몇 구절을 전하고, 성령님이 자신의 일을 행하시기를 기대하지 않는가? 사실, 나는 바로 그런 식으로 하고 있다는 인상을 남겨준 사람들의 이야기를 들어본 적도 있다. 그것은 흥미는 있지만 그렇게 도움이 되지 않는다.

만일 당신이 어떤 형태든 구성된 체계를 사용하려 한다면, 그것이 한 가지나 서너 가지의 핵심, 혹은 이야기 들려주기나 간증의 형태를 띤다 해도 당신은 이미 자신이 말하고자 계획한 범위를 제한하기로 결심한 것이 된다. 일단 하나의 본문(혹은 둘)을 선택하는 순간 당신은 그 메시지의 범위를 제한한 것임을 인정하라. 내가 말하고자 하는 것은 하나를 선택하고 그것에 전념하라는 것이다.

더욱이, 사람들로서는 하나의 개념을 중심으로 구성된 메시지를 듣는 것이 더 쉽다. 따라가기 쉬운 설교는 체험하기 즐겁다는 말을 의미한다. 그리고 청중들이 그 커뮤니케이션을 즐기게 되면 그들은 더 듣기 위해 다시 찾아오기 쉬워진다. 그리고 계속해서 찾아오게 되면 진리에 더 많이 노출되어 성령님이 그들에게 말씀하실 기회가 더 많이 주어지게 된다. 따라서 우리는 하나의 핵심을 가진 설교가 성령님의 역사하심을 더욱 촉진시킨다고 주장할 수 있다.

현실적으로, 너무나 많은 교회에서 주일 오전에 예배당이 반도 채 차지 않는 이유는 사람들이 대부분 다시 찾아오려고 하지 않기 때문이다. 왜일까? 설교자가 사람들에게 다시 찾아올 만한 무언가를 제공하지 않기 때문이다. 여러 가지 핵심은 많지만, 다음 주에 다시 찾아오게 만들 만한 것은 하나도 없다.

다음 장에서는 메시지 전체를 관통하는 하나의 핵심을 유지하는 방법으로 개요를 만드는 새로운 기법을 소개하려고 한다. 그러나 솔직히 말해서 당신이 하나의 핵심을 붙잡으려 하지 않는다면 다음 장은 당신에게 별 유익이 되지 않을 것이다. 나는 이 방식이 많은 사람들에게 지금까지 배우고 본을 받은 것과 충돌을 일으킨다는 점을 잘 알고 있다. 그래서 당신은 "그러면 나는 20-30분 동안 무슨 말을 해야 하는 겁니까?"라는 의문에 잠길 수도 있다는 것을 잘 알고 있다. 그러나 나는 또한 만일 당신이 이 방법을 시도한다면, 당신의 목표가 그저 자신에게 주어진 시간을 채우는 것이 아니라 삶을 변화시키도록 전하는 것임을 다시 한 번 결심한다면, 이 방법은 설교자인 당신을 자유롭게 만들어주리라는 것을 알고 있다. 그러므로 이제 하나의 핵심을 붙잡으라.

- 하나의 핵심을 가진 메시지에서 설교자는 다음 두 질문에 대한 해답을 반드시 얻어야 한다. '내가 청중들에게 알려주고 싶은 것은 무엇인가?' '그것과 관련해 청중들이 무엇을 하기를 원하는가?'

- 대부분의 설교자들에게 가장 큰 도전은 하나의 개념을 발견하는 것이 아니라 나머지 것들을 소기하는 것이다.

- 하나의 핵심을 가진 메시지를 만들어가는 과정은 다음과 같다.

    1. 찾을 때까지 파나가라.
    2. 핵심을 중심으로 모든 것을 세워나가라.
    3. 가슴에 와닿게 하라.

13장

지도를 그리라

:: 당신이 잡은 핵심에 이르는 가장 좋은 길은 무엇인가?

일단 하나의 핵심을 정했으면 그것을 청중들에게 소개하고, 설명하고, 적용하는 방법이 필요하게 된다. 따라서 이제부터 개요를 만드는 지루한 작업이 시작된다. 당신이 얼마 만큼의 시간 동안 커뮤니케이션을 하든지 당신에게는 자신에게 맞는 스타일이나 방식이 있을 것이라 믿는다. 내 친구들 가운데는 원고를 사용하는 친구도 있다. 그리고 마인드맵을 하는 친구도 있다. 누구나 아는 존경받는 설교자는 자신은 모든 내용을 머릿속에 준비한다고 털어놓은 적도 있다. 그는 자신의 모든 설교에 문서로 작성된 개요는 전혀 사용하지 않았다.

사실, 설교에 대한 개요를 작성하는 방식에 단 한 가지의 '올바른' 방식이 있는 것은 아니지만 나는 하나의 핵심을 중심으로 내용을 구성해가는 데 특별히 효과를 발휘하는 것으로 입증된 하나의 방법을 발견했다. 이 개요 작성 방법은 설교의 내용보다는 설교자와 청중과의 관계를 중심으로 구성된다. 무엇보다 사람들이 종이에 내용을 구성해나가는 방식은 대화 가운데 정보를 처리

하는 방식과 전혀 다르다. (배우자와 무슨 대화를 할지 개요를 작성해보라.) 그런 이유로 이 방법은 설교가 대화와 같은 모습을 유지할 수 있게 해준다.

내가 제시하는 개요는 다섯 가지 낱말을 중심으로 전개되는데, 그 각각의 낱말은 설교의 각 부분을 가리킨다. 그 낱말은 다음과 같다.

나(ME), 우리(WE), 하나님(GOD), 당신(YOU), 우리(WE)

이 방법을 통해 설교자는 먼저 자신이 겪었던, 혹은 현재 직면하고 있는 문제를 소개한다(나). 그런 다음 우리는 비슷하거나 동일한 문제를 갖고 있는 청중들과 공통의 기반을 발견하게 된다(우리). 그리고 나서 당신이 소개한 긴장이나 질문에 관해 하나님은 무엇이라 말씀하시는지를 발견하기 위해 본문으로 옮겨간다(하나님). 이어서 청중들에게 자신이 들은 것을 행동으로 옮길 것을 도전한다(당신). 그리고 마지막으로, 모든 구성원이 그 특별한 진리를 끌어안을 때 그 공동체, 교회, 혹은 세상에 어떤 일이 일어날 수 있는지를 들려주는 몇 개의 문장으로 마무리한다(우리).

이 다섯 개의 요소는 커뮤니케이션 과정을 효율적으로 만드는 데 구체적이면서도 중요한 역할을 한다. 나(ME)는 청중들에게 설교의 주제를 소개한다. 이는 "그는 무엇에 관해 말하는가?"라는 질문에 대한 대답이다. 우리(WE)는 청중들에게 그 주제가 자신들에게 적합한 주제임을 확인시켜준다. 그래서 설교자로 하여금 청중과 하나 되게 만든다. 하나님(GOD) 부분은 조명^{illumination}의 역할을 담당한다. 이 부분에서 우리는 구체적인 긴장 관계에 대한 새로운 관점을 얻거나 신선한 빛을 비추게 된다. 당신(YOU)은 순전히 적용에 관한 부분이다. 우리(WE)는 영감을 맡은 부분이다.

예를 하나 드는 것이 도움이 될 것이다. 당신이 선택한 주제가 결혼 생활이라고 가정하자. 결혼과 관련해서 할 수 있는 이야기는 수십 가지가 되겠지만, 당신은 한 가지로 주제를 좁혔다. '순종은 최고의 선택이다.' 우리의 첫 번째 반응은 배우자의 필요와 욕구를 우리 자신의 것보다 우선해야 한다는 개념이다. 이 사실을 염두에 두면 MWGYW 개요는 다음과 같이 전개된다.

서론 :

• 나(ME)-가끔씩 나는 결혼 생활 가운데 어떻게 대처하면 좋을지 모르는 상황에 처하곤 한다.

• 우리(WE) – 나는 당신 역시 어떻게 해야 할지 확실하지 않은 상황을 겪을 것이라 생각한다.

• 하나님(GOD) – 성경은 우리가 서로에게 복종할 것을 가르친다. 배우자의 필요와 욕구를 우리 자신의 것보다 우선해야 한다.

- 당신(YOU) – 다음에 어떻게 말하고 행동하면 좋을지 잘 모르는 일이 생기면 다음과 같은 질문을 던져보라. "어떻게 하면 이 순간 내 배우자의 필요와 욕구를 내 것보다 우선할 수 있을까?"

결론 : 결혼 생활 가운데 순종은 대개의 경우 최고의 선택이다.

- 우리(WE) – 우리가 친구와 이웃을 향해 이런 상호 순종의 자세를 본받기 시작한다면 우리 공동체에 어떤 일이 일어날지 상상해보라.

나(ME)

나는 나 자신에 관한 발언이나 이야기를 먼저 시작함으로써 청중들에게 그 시간의 주제와 함께 나 자신을 소개할 수 있게 된다. 이 일은 특히 새로운 청중들을 대할 때 매우 중요하다. 그러나 나(ME) 과정은 실제로 나 자신에 관한 내용이 아니다. 나(ME)는 청중들(THEM)과 서로 통하는 부분을 찾기 위한 것이다. 서로 일치하는 부분은 모든 관계의 본질적인 부분이다. 특별히 설교자와 청중의 관계에서는 더욱 그러하다. 청중은 메시지를 받아들이기 전에 먼저 그 메시지를 전하는 사람^{messenger}을 받아들여야 한다. 당신도 경험을 통해 무언가로 인해 설교자를 못마땅하게 여기게 되는 경우에는 그가 전하는 내용에 전념하기가 어렵다는 것을 잘 알 것이다. 이것은 그들이 진심을 보이지 않을 때 특히 나타난다. 진정성이 부족하면 말하는 사람을 신뢰하기 어렵다. 그럴 때 당신은 심지어 그가 전하는 내용에 저항하고 논쟁을 벌이는 자신의 모습을 발견하게 될 것이다.

그리고 청중들 편에서는 쉽게 알아볼 수 있는 것이 무대 위에서는 잘 보이지 않는 법이다. 누구도 고의적으로 교만하거나 불성실하거나 거짓말쟁이가 되지는 않는다. 그러나 그런 일은 언제나 일어난다. 그리고 대부분의 경우 설교자는 그런 일이 일어나는 것을 전혀 알지 못한다. 5분 가량 말을 전하면 그는 이내 청중들을 잃어버린다. 그리고 해결의 실마리 하나 갖지 못한다. 아니면 설령 무언가 잘못되었다는 것을 안다 하더라도 왜 그런지는 알지 못한다.

최근에 나는 YSC^{Youth Specialities Conference} 에서 했던 강연에 대해 매우 부정적인 평가를 받은 적이 있다. 나는 그 반응에 정말 크게 놀랐다. 그 강연은 여러 차례 해온 것이며 엄청난 긍정적인 평가를 받았었다. 그래서 나는 "수많은 청소년 지도자들이 강의 도중 밖으로 나갔다"는 말을 듣고 충격을 받았다. 어떤 사람은 정말로 야유를 보내기도 했다.

당황한 나는 주최측에 그 강연을 녹음한 것을 복사해서 달라고 요청했다. 주최측의 담당자는 기꺼이 내게 CD 하나를 건네주면서 거기에 자신의 소견을 덧붙였다. 그는 대부분의 경우 내가 했던 리더십 관련 메시지를 정말 감명깊게 들었지만, 이 특별한 경우는 자신의 마음에 들지 않았다고 말해주었다. 그리고 왜 그런지 이유도 말해주었다. 나는 또다시 크게 놀랐다. 나는 내가 무슨 말을 했는지 알고 있었다. 그리고 그건 내가 전에 여러 번 했던 내용들이었다.

그러나 CD를 듣기 시작하면서 나는 어떤 일이 일어났는지 알게 되었다. 나는 청중들과 아무런 관계도 갖고 있지 않으면서도 그런 관계가 있는 것처럼 행동했다. 우선, 연설을 시작할 때 마이크가 고장이 났다. 그래서 처음 몇 분 동안 무대 뒤에서 한 사람이 허리에 차는 휴대용 마이크 기계를 만지작거리고 있는 가운데 마이크에서 소리가 나게 하려고 애썼다. 5천 명 가량 되는 학생 사역자들 앞에서 무기력해진 순간이었다. 나는 주어진 시간을 맞추기 위해 안절부절했다. 특히나 빡빡하게 진행되는 프로그램이었기에 더욱 그랬다. 그래서 사람들이 내 마이크를 붙잡고 이것저것 해보는 사이에 나는 귀중한 시간이 속절 없이 흘러가는 것을 지켜보고만 있었다. 음향 전문가는 무선 헤드셋이 더 이상 작동하지 않을 것이라 판단하고는 내게 손에 들고 사용하는 마이크를 건네주었다. 그때 이미 나는 매우 산만해져 있었다. 이미 나는 커뮤니케이션과 관련해 커다란 실수를 범한 것이다. 그것도 두 가지나. 첫째, 나는 도입 부분을 건너뛰고는 곧바로 원고를 읽기 시작했다. 정말 큰 실수였다.

나는 서론 부분에서 학생들 중심으로 짜여지지 않은 교회에서 청소년 사역자로 있으면서 겪었던 여러 갈등들을 이야기해줄 계획이었다. 그것은 청중들과 나와의 연결점이었다. 그것은 청중들과 내가 유일하게 공유하고 있던 연결 부분이었다. 내 나이는 마흔여덟이었고, 청중들은 대부분 이십대 후반이었다. 나는 나(ME) 부분을 건너뛰었고, 결과적으로 그들에게 우리가 함께하는 부분이 많다는 우리(WE) 부분을 확신시켜주는 데 어려움을 겪었다. 의도하지 않았음에도 불구하고, 나는 보통의 학생 사역자들이 일과 후 집에 와서 고민하고 있는 문제에 대해 거의, 혹은 전혀 공감하지 못하고 있는 완고한 연사로 나 자신을 내비치고 만 셈이었다.

내가 저지른 두 번째 실수는 본문 내용을 급하게 서둘렀다는 점이다. 설교자가 내용을 급하게 서두르는 것은 하나의 분명한 메시지를 전해준다. 나는 청중들과의 커뮤니케이션보다는 내가 준비한 내용을 전하는 것에 더 큰 관심을 갖고 있다. 그런 모습은 '나는 당신(YOU)보다는 나(ME)에 더 큰 관심을 갖고 있다'는 메시지를 감정적으로 전달해준다. 내 경우에 급하게 서두를 때는 내가 제기하는 핵심을 과장해서 전달하는 경향이 있다. 나는 딱딱한 교리를 전하는 사람처럼 변하기도 한다. 나는 내가 전한 메시지를 다시 들어본 뒤에 사람들의 반응을 이해할 수 있었다. 내가 받은 부정적인 평가는 내가 전한 내용에 초점이 맞추어져 있었다. 그러나 나는 내 전달 방식과 함께 청중들과의 공감대 형성이 부족했던 점이 문제였음을 분명히 알았다.

자신이 어떤 사람인지 전혀 알지 못하는 사람으로부터 도전이 될 만한 정보를 받는 것은 어려운 일이다. 모든 강연에서 나(ME) 부분이 중요한 이유가 바로 이 때문이다. 이를 올바로 다루면 청중들은 동의한다는 듯이 고개를 끄덕이며 "나도 그래," 남부 사투리로는 "바로 고것이제"라고 생각하게 된다.

당신이 나(ME) 부분을 다루는 방식은 어느 정도는 청중에 의해 결정이 된다. 새로운 청중들에게 연설할 때는 언제나 자기 자신에 대해 어느 정도 들려주는 것이 꼭 필요하다. 왜냐하면 그들은 당신이 누구인지 알지 못하기 때문이다. 그러나 만일 당신이 정기적으로 당신의 말을 듣는 사람들에게 이야기를 전하고 있다면 나(ME) 부분은 그렇게 중요하지 않게 된다. 그들은 이미 당신을 잘 알고 있기 때문이다.

앞에서도 말했지만, 나는 메시지의 초반부에 언제나 그날의 주제와 관련된 나 자신의 개인적인 고민들을 삽입할 수 있는 기회를 찾고 있다. 무엇보다, 어느 주일이건 청중들 가운데는 내가 누구인지 알지 못하는 사람이 있게 마련이다. 그리고 설교자라는 나의 신분으로 인해 청중들 가운데는 나를 좋아하지 않으려고 애쓰는 사람들이 있을 수도 있다. 왜 그럴까? 그것은 만일 그들이 나와 개인적으로 좋지 않은 관계를 갖고 있다면 그들은 내가 하는 모든 말을 무시해도 좋다는 확실한 변명 거리를 갖게 되기 때문이다. 그래서 나는 강단 위에 설 때는 일부러라도 나 자신의 인간적인 면과 연약함을 드러내놓는다. 그렇게 하는 것은 벽을 무너뜨린다. 더욱이, 만일 당신이 자신의 연약함에 근거해서 선포한다면 무엇을 전할지 소재가 없어 어려움을 겪을 일은 결코 없을 것이다.

우리(WE)

청중들에게 우리가 하나의 특정한 갈등을 갖고 씨름하고 있다는 것을 분명히 밝힌 뒤에 취할 다음 단계는 듣고 있는 모든 사람을 포함할 수 있도록 그 갈등의 범위를 확장하는 것이다.

- 가끔씩 나는 기도하는 것조차 귀찮아지는 것같아 고민하기도 한다(나). 나는 당신도 그런 문제로 고민할 때가 있다고 생각한다(우리).
- 가끔씩 나는 왜 늘 같은 유혹에 넘어가는지 의아하다(나). 그러나 그것은 나만의 문제는 아닐 것이다. 그렇지 않은가?(우리)
- 이 자리에는 나와 호흡이 잘 맞지 않는 사람도 있다(나). 누군가 그 점에 대

해 이야기해줄 사람이 있을까?(우리)

이 단계에서는 갈등을 가능한 많은 영역으로 확장시켜 청중들 모두의 감정에 불꽃을 일으킬 수 있게 적용시키는 시간을 가져야 한다.

예를 들어, 나는 한 성탄절에 성탄절 기간 동안 그동안 몹시도 기대했던 일이 이루어지지 못하는 문제에 대해 말씀을 전했다. 나는 우리 가정이 처한 상황을 간단하게 말하고 성탄절에 부모님과 함께 보내지 못하게 된 실망감을 들려주었다. 그것은 나(ME)였다. 그리고 이어서 나는 가능한 많은 사람들의 감정을 자극할 수 있기를 바라며 몇 분 동안 가정에서 흔히 일어날 수 있는 일들을 하나하나 들추어냈다.

나는 재혼 가정, 아주 짧은 휴가밖에 받지 못한 싱글, 이혼한 부모 때문에 휴가를 나누어 보내야 하는 십대, 부모님을 전혀 찾아 뵙지 않는 탕자, 작년 성탄절 이후로 주님께 간 고인들에 대해 이야기했다. 내 목표는 성탄절에 이루어지지 못한, 혹은 이루어질 수 없는 기대라는 문제를 다루는 것이었다. 나는 그 문제를 놓고 고민했고, 당신 역시 그렇다.

여기서 만일 당신이 형광펜을 들고 이 책을 읽고 있다면 다음 문장에 표시를 해둘 것을 제안한다. 당신이 만들어낸 갈등들에 대해 당신이 꼭 해결해주었으면 좋겠다고 청중들이 원하고 있다는 느낌을 받기 전까지는 나(ME) 부분을 지나 다음 단계로 넘어가지 말라. 바꾸어 말하면 사람들이 관심을 갖고 있을 것이라고 추정하지 말라. 청중들이 대답을 원하고 있다는 확신이 들기 전까지는 질문에 초점을 맞추라. 그렇지 않으면 아무도 물어보지 않는 질문에 대답하기 위해 자기 이야기를 반 시간이나 해야 하는 상황이 빚어질 수도 있다. 당신이라면 더 잘할 수 있을 것이다.

당신은 아마 한 편의 메시지 가운데 얼마나 많은 부분이 적용에 할애되어야 하는지에 관해 서로 다른 의견을 들어보았거나 책으로 읽어보았을 것이다. 척 스윈돌Chuck Swindoll, 브루스 윌킨슨Bruce Wilkinson, 혹은 릭 워렌Rick Warren이 이 문제에 관해 말한 것을 들어보면 그들은 복음서와 서신서의 70-80 퍼센트가 적용을 위한 것이라고 주장한다. 나도 동의한다.

이런 접근법의 장점 가운데 하나는 메시지 전체를 적용으로 감싼다는 사실이다. 적용이 마지막 부분에 등장하는 몇몇 방법들과 달리 이 방법은 설교자가 적용이라는 문맥 안에서 주제를 소개할 수 있게 해준다. 만일 당신이 청중들에게 무언가 의문을 갖게 하거나, 어떤 것에 대해 "그래요, 나도 마찬가지에요"라고 말하게 하거나, 혹은 단순히 "그 문제와 관련해 무엇을 해야 하나" 하고 고민하게 만들었다면 당신은 이미 적용의 영역으로 넘어간 것이다. 적용은 메시지의 한 부분이 아니라 메시지의 맥락이다. 나(ME)-우리(WE)-하나님(GOD)-당신(YOU)-우리(WE) 접근 방법은 적용이라는 과제를 설교의 마지막 부분뿐 아니라 첫 부분에도 위치하게 해준다. 만일 당신이 자신의 갈등으로 메시지를 시작하고(나), 그것을 그들의 갈등과 연결시킨다면(우리), 이미 적용된 진리의 영역에 도달한 것이다.

그러나 우리에 관해서는 이미 충분하다.

하나님(GOD)

이제 알맹이 부분이다. 바로 성경, 하나님 그리고 본문 부분이다. 여기서의 목표는 사람들에게 그 주제에 관한 하나님의 생각이 무엇인지 지적함으로써 갈등 전체를, 혹은 최소한 그 가운데 일부를 해소하는 것이다. 내가 자주 사용하는 전환 문장은 이런 것이다.

"이제, 한 가지 좋은 소식은 우리가 이 문제에 관해 갈등하고 있는 최초의 사람이 아니라는 사실입니다. 예수님 당시 사람들도 마찬가지였습니다. 함께 살펴봅시다…."

비슷하게…

"다행히도 우리만 하나님의 선하심에 대해 의심하는 것은 아닙니다. 다윗 왕 역시 그랬습니다. 한번 찾아봅시다…."

아니면…

"하나님은 우리가 이 문제로 갈등하고 있음을 분명히 아셨습니다. 왜냐하면 예수님은 언젠가 이 문제에 대해 말씀하셨기 때문입니다. 그날 오후에…."

무슨 말인지 이해했을 것이다.

본문을 다루는 일과 관련해 설교자들은 이 시점에서 두 가지 극단으로 치닫는 경향이 있다. 우선 본문을 설명하거나 깊이 파고들지 않고 몇 구절을 피상적으로 살펴보고 건너뛴다. 혹은 너무 깊이 파고들어가 청중들을 하나같이 질식할 정도로 만든다. 첫 번째 극단은 청중들을 성경에 대해 무지하게 만든다. 두 번째 극단은 청중들로 하여금 자기 자신의 힘으로는 도저히 성경을 이해하지 못할 것이라는 생각을 하게 만든다.

당신은 성경을 대충 넘어가고 싶지도 않고, 또 본문에 빠져 허우적거리고 싶지도 않다. 이 부분이 설교가 활력을 잃고 따분해지게 되는 부분이다. 나는 많은 젊은 설교자들로 하여금 성경은 가볍게 다루고 이야기 중심으로 전개하게끔 동기를 부여하는 것은 청중들을 잃을까 하는 두려움이라고 생각한다. 그러나 세 번째 대안이 있다. 본문이 청중들에게 와닿게 하라. 단순히 성경을 읽고, 그것을 시시콜콜 설명하지 말라. 성경이 그들에게 와닿게 하라. 그들과 함께 호흡하라. 반드시 이 부분을 여정 가운데 집어넣으라. 사람들이 흠뻑 빠져들어서 집으로 돌아가 스스로 그 부분을 찾아 읽어보게 만들라. 이건 쉬운 일은 아니지만 애쓸 만한 보람이 있다. 그리고 어떤 방식을 택할 것인가는 당신의 개성에 달려 있다. 15장에서는 청중들이 본문과 함께 호흡할 수 있게 하는 것과 관련해서 내가 발견한 길을 제시하려 한다.

당신(YOU)

앞에서 언급한 것처럼, 이 부분은 특별히 메시지의 적용과 관련된 부분이다. 이 부분은 사람들에게 그들이 들은 것으로 무엇을 해야 하는지 말해주는 부분이다. 이 부분은 "그래서 무엇을?" 그리고 "이제 무엇을?"에 대한 답을 들려주어야 하는 부분이다.

내가 선호하는 방법은 모든 사람이 받아들일 수 있도록 도전할 수 있는 한 가지 적용 핵심을 발견하는 것이다. 나는 사람들에게 일생을 걸고 무언가에 매진하라고 요구하지 않는다. 나는 그것이 현실적이지 않다고 생각한다. 그러나 나는 종종 사람들에게 한 주, 혹은 단 하루만이라도 무언가를 위해 노력해 보라고 도전한다. 가끔씩은 한 달 정도 무언가에 전념하라고 요청하려 한다.

앞으로 발견하겠지만 모든 사람이 받아들일 수 있는 하나의 적용을 발견하기 위해서는 메시지 가운데 우리(WE) 측면에 더 신경을 쓰게 된다. 그러나 더 중요한 것은 당신이 커뮤니케이션에 더 초점을 맞추면서도 간결하게 해준다는 점이다.

적용을 확대하는 일이 필요한 것으로 보일 때는 관계의 동심원 전체를 훑어보는 것이 도움이 된다고 생각한다. 이 점에 대해서는 분명히 지금까지 오는 도중 어디쯤에선가 배웠을 것이다.

- 이것은 어떻게 내게 적용되는가?
- 이것은 어떻게 나의 가족 관계에 적용되는가?
- 이것은 믿음의 공동체 안에서의 인간 관계에 어떻게 적용되는가?
- 이것은 신앙 밖에 있는 사람들과의 관계에 어떻게 적용되는가?
- 이것은 장터에서 어떻게 적용되는가?

적용을 확대하고 발굴해내는 또 다른 방법은 다양한 삶의 무대를 고찰해 보는 것이다.

• 이것은 십대와 대학생들에게 어떻게 적용되는가?

• 이것은 독신자들에게 어떻게 적용되는가?

• 이것은 신혼 부부들에게 어떻게 적용되는가?

• 이것은 부모들에게 어떻게 적용되는가?

• 이것은 자식 없는 부부들에게 어떻게 적용되는가?

그렇다고 메시지 가운데 이런 범주들을 모두 뒤져보라고 권하지는 않는다. 다만 스스로 이런 분야들을 고찰하는 시간을 가짐으로써 그렇게 하지 않았으면 놓쳤을 다른 시각들을 훑어볼 수 있게 될 것이다.

그리고 세 번째로 생각해보아야 할 목록이 있다. 성도들과 불신자들이다.

나는 종종 메시지 가운데 이 정도 시점에서 불신자들에 대해 언급한다. 그들에게 적용할 부분이 있으면 그렇게 한다. 어쨌든 원칙은 원칙이다. 많은 성경의 원리들은 누구에게나 적용된다. 무조건적인 사랑은 당신이 어떤 신학 이념을 갖고 있는가와 상관없이 모든 사람에게 영향을 미친다. 정직을 비롯한 다른 많은 성경의 덕목들도 마찬가지다. 불신자에게 성경의 원리를 적용하게 해서 그가 그 결과를 볼 수만 있다면 그것은 발전이다.

메시지가 불신자에게 적용되지 않는 것이라면 그것 역시 그들에게 알려준다. 실제로 나는 대개 그 사실을 그들에게 솔직하게 알려준다. 그래서 "만일 당신이 성도가 아니라면 오늘 아무런 부담감을 가질 필요가 없습니다. 그저 긴장을 풀고 편안하게 앉아 계십시오. 이 자리에서 죄책감을 느낄 필요는 없습니다. 아니, 어쩌면 오늘의 메시지는 당신이 그리스도인이 되는 것을 뒤로 미룰 또 하나의 이유를 제공할 수도 있습니다"라는 말도 한다.

그 메시지를 적용시킬 마지막 범주는 그 자리에 참석하지 않은 사람이다. 당신이 말씀을 전할 때마다 청중 가운데는 당신이 말한 것을 꼭 들어야 하는 사람이 있다고 생각하는 사람이 있기 마련이다. 그러므로 그 자리에 참석하고 있지만 그 자리에 반드시 참석해야 하는 사람을 알고 있는 사람들에게 전하라. 그리고 그들에게 당신의 메시지를 그 사람에게 전할 수 있는 길을 재치 있게 제시하라.

우리(WE)

당신과 마찬가지로 나도 청중들로 하여금 가슴이 매여 손수건을 꺼내들게 함으로써 주제의 흐름을 방해할 만큼 감성적으로 호소하는 이야기로 메시지를 포장하는 것을 좋아한다. 그리고 가끔씩 하나님은 그런 마무리 예화들을 통해 우리에게 은혜를 베풀기도 하신다. 그러나 그 해의 나머지 51주를 위해 우리에게는 다른 것이 필요하다. 그곳이 바로 우리(WE) 부분이 들어가는 곳이다.

메시지 가운데 이 마지막 구성 부분은 당신이 처음 시작하면서 자신의 연약함, 질문, 불안, 혹은 의혹들을 들려주었을 때처럼 다시 한 번 청중들과 함께 연결될 수 있는 기회가 된다. 우리(WE)는 실질적으로 비전을 던지는 부분이다. 이 순간은 영감을 불어넣어주는 시간이다. 이 순간은 메시지가 전하는 핵심의 실천 가능성과 당위성을 그림처럼 묘사하는 순간이다. 이 마무리 순간에 당신은 만일 교회, 공동체, 가정 그리고 어쩌면 모든 그리스도인이 당신의 그 한 가지 개념을 포용한다면 세상이 어떻게 될지를 상상하도록 이끈다.

'서로 사랑하라'는 말이 주일학교에서 외우는 단순한 암송 구절이 아니라 생생한 주제가 되고 있는 교회를 상상해보라. 그리스도가 교회를 사랑하신 것처럼 자기 아내를 사랑하는 남편들이 있는 가정이 모인 공동체를 상상해보라. 만일 수많은 십대들이 순결은 선택의 문제이며 현실과 아무 관계가 없다는 거짓말을 받아들이지 않는다면 그들의 문화가 어떻게 될지 상상해보라. 만일 그 자리에 모인 모든 사람이 만나는 모든 사람을 그리스도가 위하여 죽으신 사람처럼 대한다면 한 주간 동안 어떤 일이 일어날지 상상해보라. 만일 앞으로 석 달 동안 우리가 자신의 모든 것이 진정으로 하나님의 것인 것처럼 금전을 관리한다면 어떤 일이 일어날지 상상해보라.

이 부분은 당신이 설교 도중 어느 것 뒤에 있었든지 그 자리에서 벗어나 단 옆으로 나와 무대에서 가장 끝자리로 나가 큰 소리로 꿈을 전해야 하는 부분이다. 당신의 교회에 속한 가정들, 독신자들, 자녀들, 교회들 그리고 하나님 나라를 위하여 꿈을 꾸라. 이 부분은 청중들에게 성경은 단지 우리 개인의 삶을 더 윤택하게 하기 위한 수단으로써 주어진 것이 아님을 일깨워주는 시간이다. 성경이 주어졌기 때문에 우리는 한 몸으로 연합하여 우리의 공동체 안에서, 우리 이웃과의 교제 안에서 그리고 열린 공간에서 소망의 횃불처럼 빛날 수 있는 것이다.

우리가 함께할 때 어떤 일을 해낼 수 있을지 상상해보라.

시작하라

좋다. 이게 전부다. 그러나 이건 커다란 일이다. 그리고 나는 이것이 당신이 현재 개요를 만들고 있는 과정과 많이 다를 것이라고 생각한다. 그래서 마무리로 다음과 같은 몇 가지 제안을 제시한다.

가장 최근에 전달한 메시지, 혹은 지금 준비하고 있는 메시지라도 좋으니 하나를 택하여 그 여백에 그 내용이 현재 다루고 있는 개요 가운데 이 장에서 배운 다섯 부분 중 어디에 속하는지 기록하라. 예를 들어 곧바로 성경 본문으로 뛰어드는 전형적인 시작을 하고 있다면 그 부분, 혹은 그 부분들 옆에 하나님(GOD)이라고 적으라. 적용 부분 옆에는 당신(YOU)이라고 적으라. 이렇게 한 다음에는 이 접근 방법을 중심으로 준비한 내용을 재구성해보라. 현재 사용된 번호 순서는 계속 사용해도 좋다. 다만 각 부분들을 재배치하여 나(ME)-우리(WE)-하나님(GOD)-당신(YOU)-우리(WE)의 틀을 따르게 하라. 그런 다음 처음으로 돌아가 빠진 부분을 추가하라.

이 작업을 마친 다음에는 원고를 넘기며 메시지를 한 번에 한 부분씩 훑어볼 수 있는지 점검하라. 당신은 분명 할 수 있을 것이다. 사람들은 항상 내가 어떻게 원고도 보지 않고 설교하는지 물어본다.

이제 당신도 알게 되었다.

그러나 누구에게도 말해주지 말라.

• 내용이 아니라 청중들과의 관계를 중심으로 한 개요가 정보를 전달
하는 과정과 가장 잘 부합된다.

• 나(ME) - 우리(WE) - 하나님(GOD) - 당신(YOU) - 우리(WE)

• 현재 설교의 개요를 만드는 작업을 하고 있다면 이 장에서 배운 다섯
가지 부분을 각기 적용되는 부분에 적으라. 그리고 빠진 부분을 보충
하라.

14장

메시지를 내면화하라

:: 당신의 이야기는 무엇인가?

모든 설교자는 원고를 갖고 있다. 그러나 당신이 원고를 갖고 있다는 것을 누구나 알아야 할 이유는 없다. 아마도 당신은 자신의 커뮤니케이션 방식이 조금 더 대화에 가깝게 되기를 원할 것이다. 그러기 위해서는 원고에 매달려서는 안 된다. 원고와 친해야 하는 유일한 사람은 연극에서 대역을 맡기 위해 오디션을 받고 있는 사람들뿐이다. 그러나 제아무리 아마추어 연기자라도 대본을 들고 무대 위에 올라가려는 생각은 꿈에서조차 하지 않는다. 왜 그런가? 그것은 훌륭한 연기자는 사람들에게 자신이 연기하고 있다는 것을 간파당하고 싶어하지 않기 때문이다. 그들은 관객이 자기를 연기자가 아니라 그 맡은 배역의 인물이라고 믿기를 바란다. 그래서 자신이 극중의 인물이 느끼는 것을 느끼고, 대본이 아니라 마음에서 우러나온 말을 하고 있다고 믿기를 바란다. 그리고 그것은 당신도 마찬가지다.

미국이 영국으로부터 독립하기 위해 전쟁을 치르던 당시를 배경으로 한 영화 〈패트리어트−늪 속의 여우 Patriot〉에는 멜 깁슨 Mel Gibson 이 맡았던 벤자민 마틴 Benjamin Martin 이란 인물이 엄마가 죽은 뒤 말을 하지 않는 다섯 살짜리 딸 수잔 Susan 에게 작별 인사를 하는 장면이 나온다. 영화 전체를 통해 마틴은 수잔으로 하여금 말을 하도록 유도하지만 아무 소용이 없었다.

영화가 끝날 무렵, 수잔은 마틴과 그의 아들 가브리엘 Gabriel 이 영국군과 싸우기 위해 말을 타고 가려고 준비하는 동안 이모인 샬롯 Charlotte 옆에 서 있었다. 마틴은 말에 올라타기 직전에 수잔에게 작별의 인사를 하려 했지만 수잔은 반응하지 않았다. 그러자 그는 무릎을 꿇고 딸을 가볍게 안아주며 이렇게 말했다. "짧게라도 좋으니 안녕이라고 한 마디만 해다오. 그게 내가 듣고 싶어하는 전부란다."

수잔은 팔을 옆구리에 대고 아무 반응도 없이 한 마디도 하지 않았다. 마틴이 수잔을 안았던 팔을 풀자 수잔은 마틴을 바라보았다. 그런데 마틴과 가브리엘이 각자 말에 올라타고 걸음을 옮기기 시작하자 수잔은 눈물을 흘리면서 아빠를 향해 뛰어가며 이렇게 외쳤다. "아빠, 아빠! 가지 마세요. 말을 할게요. 아빠가 원하는 말은 무엇이든 할게요!"

마틴은 안장에 앉은 채 고개를 돌려 수잔이 자기를 향해 뛰어오는 것을 보았다. 그리고 말 고삐를 잡아채고 방향을 돌려 울고 있는 자신의 어린 천사를 향해 달려갔다. 마틴은 두 팔로 수잔을 붙잡고는 눈물을 참으며 꼭 끌어안았다. 그러자 수잔은 이렇게 말했다. "아빠에게 말할게요. 아빠가 원하는 말은 무엇이든 할게요. 무슨 말을 듣고 싶은지 알려주세요. 다 말할 거예요. 약속할

게요. 제발요, 아빠. 가지 마세요."

나는 이 영화를 레지 조이너^{Reggie Joiner}와 래니 도노호^{Lanny Donoho}와 같은 친구들과 함께 보았다. 그 장면의 중간쯤에 나는 친구들을 슬쩍 훔쳐보았는데 그들의 뺨에는 눈물이 흐르고 있었다. 감동의 도가니였다. 대단한 영화였고, 하늘도 감동할 영화였으며, 역시 멜 깁슨이었다. 그 여자 아이는 그의 친딸도 아니었다. 친구들은 마치 진짜 기적이라도 목격한 것처럼 눈물을 흘렸다. 나도 그랬다. 나는 그 영화를 여섯 번이나 보았다. 그렇지만 만일 어린 수잔이 대본을 훔쳐보면서 "아빠에게 말할게요. 아빠가 원하는 말은 무엇이든 할게요"라고 읊조렸다면 그 장면이 그렇게 감동적이었을까? 그 정도는 아니었을 것이다.

사실 나는 연기와 설교는 다르다는 것을 인정한다. 그러나 그 둘이 당신이 생각하는 것만큼 그렇게 많은 차이가 나는 것이 아니다. 만일 당신이 주어진 마이크를 들고 무대 위에 서 있다면 주어진 역할을 다할 준비가 되어 있어야 한다. 마치 훌륭한 연기자처럼, 당신은 사람들에게서 믿음을 얻어야 한다. 무엇보다 당신은 실제로 믿고 있지 않은가! 사람들은 당신이 그들과 여러 가지 면에서 호흡을 같이하기를 기대하고 있다. 그리고 우리가 다루고 있는 문제와 관련해서, 당신은 그들과 호흡을 함께하며 또한 확신을 심어주어야 한다. 만일 배우가 사람들로 하여금 자신을 배우가 아니라 극중의 어떤 인물이라고 확신시키기 위해 대본을 암송하고 자기 것으로 삼으려 한다면, 우리는 청중들로 하여금 우리가 주장하는 바로 그 사람이라는 것을 확신시키기 위해 메시지를 자기 것으로 삼는 일에 얼마나 더 큰 노력을 기울여야 하겠는가?

자기 것으로 삼으라

우리는 메시지를 전하기 위해 단 앞에 서기 전에(혹은 내 경우에 앉기 전에) 반드시 그것을 내 것으로 삼아야 한다.

내가 말하는 내 것으로 삼는다는 말은, 설교자인 당신은 식탁에 앉아 두 사람의 청중 앞에서라도 대화를 통해 그리고 마음이 통하도록 메시지를 전달할 수 있어야 한다는 의미다. 그 메시지는 어떤 점에서 당신의 개인적인 체험으로부터 이끌어온 것처럼 이야기해줄 수 있는 개인적인 이야기가 되어야 한다. 당신이 메시지를 '설교'하기보다는 '들려줄' 수 있을 때 비로소 커뮤니케이션을 할 준비가 된 것이다. 그러나 당신이 당신의 메시지를 암송해 5분짜리로 만들 수 있을 정도로 내면화하기 전까지는 그런 단계가 이루어지지 않는다.

만일 이 시점에서 그 말이 현실적이지 않다고 느껴진다면 그것은 아마도 당신이 설교 안에 너무나 많은 정보를 쥐어짜고 너무나 많은 구절을 집어넣으면서도 생명^{life}은 충분히 포함하지 않기 때문일 것이다. 정보는 기억하기 어렵다. 성경의 각기 다른 책 다섯 곳에서 뽑은 다섯 개의 구절은 기억하기 어렵다. 반면에 생명은 암송하기가 어렵지도 않으며 기억하기도 힘들지 않다. 내가 말하는 생명이란 단순히 개인의 예화를 말하는 것이 아니다. 물론 예화도 포함이 된다. 내가 말하는 것은 모든 사람이 공통으로 가지는 체험을 말한다.

나는 "이건 정말 너무나 중요한 것입니다"라고 말하고는 원고를 보고 죽죽 읽어나가는 연사는 불성실한 면이 있다고 생각한다. 계속해서 원고에 눈길을 보내는 것은 "나는 아직 이 메시지를 내 것으로 삼지 못했습니다. 나는 모든 사람이 이 내용을 자기 것으로 삼기 원하지만, 나는 아직 그렇게 하지 못했습니다"라고 말하는 것과 같다. 결과적으로 나는 효과적인 설교자가 되기 위해서라면 누구나 자신의 메시지 전부를 자기 것으로 삼고 그 대부분을 암송하는 방법을 모색해야 한다고 생각한다. 그렇다고 낱말 하나하나를, 원고 그대로를, 전체적인 개요를 토씨 하나 틀리지 않고 외우라는 것이 아니다. 다만 자리에서 일어나 자신의 메시지를 이야기처럼 들려줄 수 있을 정도로 준비가 되어야 한다.

생각해보면, 사람들이 이야기를 읽는 때는 그것이 자기 이야기가 아닌 경우뿐이다. 당신은 교통 사고로 거의 죽을 뻔하거나 중상을 입은 사람이 미리 작성한 원고를 들고 "어제 제게 일어났던 일에 대해 들려드리겠어요"라고 말하는 것을 들어본 적이 없을 것이다. 링이 세 개 들어가는 바인더에 자료를 준비하고서 "우리 아이들에 대해 이야기해드릴게요"라고 말하는 부모를 보지 못했을 것이다. 사람들 앞에서 원고를 들고 자기 아들이나 딸이 축구 결승전에서 이긴 것을 들려주는 사람은 아무도 없을 것이다. 사람들이 개인적인 이야기를 들려줄 때 그 이야기는 내면화된 것이다. 그 이야기는 때로는 시내를 흐르는 물처럼 고요하게, 때로는 협곡을 흐르는 강물처럼 세차게 흘러간다. 어떤 경우든 그 이야기는 안에서 나온 것이다. 그것은 세상 사람 모두가 들어야 하는 가장 중요한 이야기를 갖고 있다고 주장하는 우리에게도 마찬가지여야 한다. 이야기는 우리를 변화시켰고, 따라서 그 이야기는 우리 이야기의 일부가 되었다. 어떻게 해서든 그 이야기는 우리 자신의 것이 되어야 한다. 그러나 그것은 항상 쉬운 일이 아니다. 특히 커뮤니케이션이 당신이 매주 감당해야 하는 의무일 때는 더욱 그렇다.

핵심이 없는 이야기들

이 장의 뒷부분에서는 원고를 사용하는 몇 가지 방법을 살짝 귀띔해주려 한다. 그러나 이와 관련해서 당신에게 가장 도움이 되는 것은 이미 이야기했던 것들이다. 바로 하나의 핵심을 가진 메시지와 개요 작성시의 나(ME)-우리(WE)-하나님(GOD)-당신(YOU)-우리(WE) 접근 방법이다. 하나의 핵심을 가진 메시지one point message 를 만들어내는 것은 메시지를 내면화하는 일을 훨씬 더 쉽게 만들어준다. 하나의 핵심을 기억하는 것은 여러 개의 핵심을 기억하는 것보다 훨씬 쉽다. 여러 가지가 뒷받침해주고 있는 하나의 개념을 갖는 것은 이야기를 자기 것으로 삼는 일을 쉽게 해준다. 하나의 강력한 핵심을 갖고 있으면 목표는 원고에 적힌 모든 내용을 다루는 것이 아니라 그 핵심을 전달하는 것이다. 핵심을 설명해주는 내용을 잊는다 하더라도 큰 개념을 전달하는 데 성공한다면, 축하한다. 당신은 당신의 사명을 완수한 것이다. 그리고 솔직히 말해서 우리는 지구상에서 자신이 해야 할 말을 잊어버렸다는 사실을 알고 있는 유일한 존재들이다. 그리고 만일 당신이 다른 대부분의 설교자들과 비슷하다면 당신은 서두를 장식할 너무 많은 내용을 갖고 있을 것이다. 그럴 때는 몇 가지 내용을 추려내는 것이 유익하다. 더욱이 만일 주일 예배가 여러 차례 주어진다면 그것을 전할 또 다른 기회가 주어질 것이다.

큰 조각 그림

메시지를 내면화하는 일과 관련해서 개요를 작성하는 일은 당신의 친구가 되기도 하고 당신의 적이 되기도 한다. 그 일은 내면화 과정을 촉진시키거나 훼방한다. 많은 설교자들이 원고 없이는 설교할 수 없다고 생각하는 한 가지 이유는 그들이 작성한 개요(혹은 원고)가 그들을 압도하기 때문이다. 이것은 무언가를 빠뜨리거나 제자리를 찾지 못할지도 모른다는 두려움으로 인해 한층 복잡해진다. 그러나 이 모든 것은 우리기 앞 징에서 이야기한 개요 작성의 접근법을 채택함으로써 해결될 수 있다.

비결은 전체 메시지를 다섯 개나 여섯 개의 조각으로 나누는 것이다. 핵심이 아니라, 조각 혹은 부분, 혹은 정보의 덩어리로 말이다. 만일 이 큰 그림들과 그 그림이 나타나는 순서를 기억할 수 있다면 진행할 준비가 된 것이다.

큰 조각은 당신으로 하여금 앞으로 진행하게 만들고 앞으로 나올 것들을 알려주는 정신적인 이정표의 역할을 한다. 나(ME)에 관해 이야기할 것이 없어지면 곧바로 우리(WE) 부분으로 옮겨가면 된다. 몇 가지를 남겨두고 끝을 낼 수도 있지만 그것은 당신 외에 아무도 알지 못한다. 목표는 원고에 담긴 모든 내용을 다루는 것이 아니라는 점을 기억하라. 목표는 청중들을 이끌고 여행을 가는 것이다. 그들을 데리고 목적지에 도착할 때까지 이 이정표에서 저 이정표로 옮겨가는 것이다.

나는 설교자들을 코치하는 일을 할 때 이런 말을 자주 했다. "큰 조각은 무엇인가요? 내게 큰 조각이 무엇인지 말해주세요. 당신의 서론을 한 문장으로 제시해보세요. 그 다음은요? 당신이 사용하는 본문은 무엇인가요? 적용을 요약하세요. 마무리 개념을 제시해보세요." 머릿속에 담긴 메시지를 구성하는 다섯 가지나 여섯 가지의 조각을 신속하게 훑어볼 수 있다면 원고에 의존하지 않고서 커뮤니케이션을 할 준비가 되는 것이다.

큰 그림들이 어떤 것인지는 당연히 메시지마다 다를 것이다. 나(ME)-우리(WE)-하나님(GOD)-당신(YOU)-우리(WE) 형태를 사용하여 큰 그림들을 하나로 구성하고 싶을 수도 있다. 아니면 좀더 구체적으로 만들기를 원할 수도 있다. 몇 가지 예가 있다.

나는 그리스도의 유혹에 관한 설교를 하면서 예수님이 성령에 이끌려 시험을 받기 위해 광야로 나가셨음을 기록하고 있는 마태복음 4장 1-2절을 읽고 설교를 시작했다. 이 얼마나 기이한 일인가? 나는 특히 예수님이 "우리를 시험에 들게 하지 마옵소서"라고 기도했다는 사실에 비추어 이 사건이 얼마나 기묘

한 것인지를 몇 번에 걸쳐 언급했다. 이어서 내가 유혹과 벌였던 갈등들에 대해(나), 그 일이 우리 모두에게 얼마나 흔한 것인지(우리) 이야기했고, 다시 본문으로 돌아가 예수님의 응답을 살펴보았다(하나님). 나는 너무도 특이하고 믿기 어려워 즉각적으로 사람들의 관심을 끄는 사건의 경우에는 본문으로부터 시작하는 것도 좋다고 생각한다. 탕자에 관한 설교에서도 같은 방법을 사용한다. 3부작으로 된 이 비유의 서두에는 세리와 죄인들이 예수님이 말씀하시는 것을 듣기 위해 모였다고 말씀하고 있다. 예수님과 감히 비교할 수 없는 사람들이 그분을 좋아했다.

여기서의 핵심은 당신의 메시지에서 큰 조각이 무엇인지를 판단하고 그 조각들 전체를 꿰뚫어 사고하는 것을 연습하는 것이다. 큰 조각들, 곧 이정표가 무엇인지 알고 있다면 길을 잃지 않을 것이다. 다음에 무엇이 올지 언제나 알고 있게 될 것이다. 한 가지에 대해 말할 것이 떨어지면 그저 무언가 남겨두었다는 것을 인식하고는 다음으로 넘어가면 된다. 그러나 다시 한 번 말하지만 그 사실을 알고 있는 것은 당신뿐이다.

거래의 속임수

앞에서도 언급했지만 당신이 원고를 사용하고 있다는 것을 아무도 알지 못하게 원고를 사용하는 몇 가지 방법이 있다. 모든 내용을 암기할 필요는 없다. 나(ME)-우리(WE)-하나님(GOD)-당신(YOU)-우리(WE) 접근 방법을 사용하면 실제로 반드시 기억해야 하는 것은 세 개의 큰 조각뿐이며, 그것은 기억하기 가장 쉬운 나(ME), 우리(WE) 그리고 우리(WE)다. 이들은 개인적인 부분이며, 아마 내용상으로 가장 짧은 부분일 것이다. 무엇보다 이 부분은 우연히 어떤 부분을 빠뜨린다 해도 크게 문제가 되지 않는다. 그러나 이 부분은 또한 내가 가장 많이 연습하는 부분이다. 나는 머릿속으로 이 부분을 여러 차례 반복하고 또 반복해서 연습한다. 결국 나(ME)와 우리(WE)는 우리가 청중과 연결되고 그들과 호흡을 같이하게 되는 부분이다. 우리(WE)는 그들이 들은 것을 가지고 무언가를 행하도록 영감을 불어넣는 부분이다. 그러나 이 두 부분 사이에 우리가 준비한 원고를 남몰래 살짝 쳐다볼 무수한 기회가 존재한다.

아마 당신은 성경의 여백에 주석과 핵심들을 기록하는 방법을 이미 개발했을 것이다. 그리고 내 생각에 당신은 여백에 휘갈겨 쓴 내용을 스쳐보면서 원하는 성경 본문을 읽는 기술을 이미 습득했을 것이다. 몇 년 전에 나는 손으로 쓴 여백 부분을 버리고 워드 프로세서를 이용해 내가 사용하려는 본문을 잘라내 붙이는 방법을 사용하기 시작했다. 그 방법을 통해 내가 기억하기 원하는 것을 나는 손으로 갈겨쓰지 않고 프린터를 사용해 바로 본문에 붙일 수 있게 되었다. 그리고 내 성경에 맞게 나머지 부분은 잘라냈다.

이 방법에는 여러 가지 이점이 있다. 우선, 내가 가진 성경의 여백의 크기에 제한받지 않고 충분한 공간을 확보할 수 있게 되었다. 나는 더 많은 내용을 포함시킬 수 있다. 이 방법을 통해 성경과 원고 사이를 왔다갔다하지 않을 수 있게 되었다. 그래서 진행이 끊기지 않고 부드럽게 이어지고, 주의가 분산되지 않으며, 훨씬 더 쉽게 사용할 수 있게 되었다.

마지막 본문의 끝 부분에는 그곳에서 어디로 갈 것인지를 알려주는 표시를 출력해둔다. 나는 앞 장에서 이야기한 것과 마찬가지로 내가 읽은 본문을 위한 요약 문장을 출력해둘 수도 있다. 혹은 줄 사이에 "이것은 세 부분에 적용된다" 혹은 "이것이 바로 우리가 예수님의 말씀을 가지고 해야 하는 것들이다"와 같은 문장을 프린트할 수도 있다. 아니면 본문을 벗어나 영상 자료를 보기 위해 '영상 자료 출력'이란 말을 프린트하기도 한다.

본문을 프린트할 때 누릴 수 있는 또 다른 이점은, 드문 경우이기는 하지만 하나 이상의 본문을 인용할 경우 그 구절이 이미 출력되어 있기 때문에 성경을 보고 그 구절을 찾을 필요가 없다는 점이다. 그리고 설교를 마친 뒤에 출력된 본문을 개요와 함께 저장하여 더 많은 자료로 활용할 수 있다. 그 메시지를 다시 선포하고 싶을 때 똑같은 성경책을 사용하거나 다른 성경에 그 내용을 베낄 필요가 없다.

내가 정말 자주 하는 일은 내가 전한 주요 핵심을 카드에 옮겨 적은 다음 성경책과 함께 두는 것이다. 그렇게 하는 이유는 그 핵심은 내가 시간과 공을 들여 만들어낸 문장이기 때문이다. 나는 그 문장을 정확하게 사용하고 싶다. 메시지 전달 과정에 있어서 내가 공들여 만들어낸 문장을 기억 속으로부터 그대로 이끌어내는 것은 쉬운 일이 아니다. 그것을 커다란 글자로 출력해서 성경 옆에 놓아두면 메시지를 전하기 전에 한번 훑어볼 기회를 가질 수 있다. 그것을 내 원고 노트나 심지어 본문 가운데 넣어두면 혼란스러워진다. 나는 그것을 내가 빼먹지 않을 수 있는 곳에 넣어두길 원한다.

그 내용이 곧바로 기억이 나지 않아 카드를 꺼내 "이번 주에 공부하는 가운데 이 문장을 적었습니다"와 같은 말들을 읽게 될 때도 있었다. 그런 다음 그 문장을 읽을 것이다. 그렇게 읽고 나면 대개는 기억이 나서 그 문장을 몇 차례 더 반복할 수 있게 된다. 그러나 난 잘 만들어진 문장을 기억하려고 애쓰다가 명확한 핵심을 애매한 것으로 만들기보다는 차라리 보고 읽을 때에 더 큰 능력을 발휘할 것이라고 믿는다. 나는 같은 말을 하더라도 카드를 꺼내들고 읽는 것이 고개를 숙이고 원고를 읽는 것보다 더 큰 효과가 있다는 것을 배웠다. 카드에 기록된 단 하나의 문장은 당신이 읽고 있는 말의 중요성을 전달해준다. 그것은 지금 읽고 있는 말이 얼마나 중요한지를 강조하고 있다는 것을 눈으로 볼 수 있게 해준다.

그러나 한 번 입으로 말하면 그 중요 핵심을 반드시 기억하는 것이 가장 좋다. 일반적으로 말해서 메시지를 전하는 가운데 청중들에게 기억과 내면화를 요구하는 단계에서는 원고를 사용하지 말라. 이것이 바로 중요 핵심을 반드시 기억하는 것이 그토록 중요한 이유다. 이 장의 앞 부분에서 말한 것과 마찬가지로, 만일 당신이 그 핵심을 아직 자기 것으로 삼지 못했다면 왜 청중들이 그것을 자기 것으로 삼아야 하는 것인가? 만일 당신도 중요한 것을 기억하지 않는다면 그건 정말 중요한 것일까?

나는 첨단 문명의 이기를 통해 부족한 기억력에 도움을 받는다. 우리 교회에는 맨 앞줄에 강대상을 정면으로 하고 있는 모니터가 설치되어 있다. 가끔씩 나는 제작 팀에게 내 기억을 되살리도록 어떤 말들을 비추어줄 것을 부탁하며 짧은 목록을 전해준다. 대부분의 경우 그 목록은 메시지 가운데 당신(YOU) 부분에 포함되는 항목들이다. 그것은 내가 절대 놓치고 싶지 않은 구체적인 적용 부분이다. 무언가를 찾기 위해 원고를 뒤적이는 것보다 모니터 화면을 살짝 내려다보는 것이 훨씬 쉽다. 나는 이 문명의 이기를 과용하는 친구들을 많이 보아왔다. 그들은 대부분의 설교자들이 원고에 매달리는 것만큼이나 모니터 화면에 매달린다. 이 전자식 커닝 페이퍼는 암송이라는 힘든 작업을 대체해주는 것이 아니다. 그러나 적용 2번 항목이 잠깐 머릿속에서 사라지는 경우에 일을 쉽게 만들어주는 것은 분명하다. 어떤 때는 제작 팀에게 중요 내용을 모니터에 비치게 하고, 메시지가 끝날 때까지 계속 비치게 하기도 한다.

큰 소리로 말하라

나는 설교를 연습하는지에 관한 질문을 자주 받는다. 그렇기도 하고 또 아니기도 하다. 집에서 혼자 메시지 전부를 큰 소리로 외치지는 않는다. 그러나 전날 밤에 소리를 내어 말해보는 부분도 있다. 나는 이야기들은 항상 반복해서 말해본다. 이야기를 소리내어 말해봄으로써 명확하지 않은 부분을 들어보고, 설명하기 어려운 부분이 어디인지 알게 된다. 가끔씩 저녁 식사 시간에 이야기를 재연해보고 식구들에게 의견을 묻기도 한다.

또 내가 소리를 내어 말해보는 부분은 서론과 결론 부분이다. 시작하는 문장과 마무리하는 문장은 너무나 중요하다. 만일 처음 몇 분 안에 청중들과 호흡을 같이하지 못한다면 그 순간부터 언덕길을 올라가는 고난이 시작될 것이다. 그리고 강력하게 끝을 맺지 못하면 사람들이 교회 문을 나서자마자 메시지 전체가 잊혀지고 말 것이다. 어떤 때는 서론과 결론 부분을 손으로 직접 써보기도 한다. 내가 생각하기에 시작 부분과 마무리 부분은 반드시 외우는 것이 절대적으로 필요하다고 본다.

토요일 밤

나는 다음과 같이 설교 준비를 한다. 나는 3주 전에 설교 준비에 착수한다. 정해진 목요일에 사무실에서 집으로 갈 때면 나는 다음 번에 들려줄 세 가지 설교문을 완벽하게 끝내놓는다. 미리 준비해놓는 일이 주는 이점은 내가 앞서나간다는 점이다. 만일 무언가 내 연구 시간을 방해하는 일이 생겨도 큰 탈이 없다. 아직 두 주가 남아 있기 때문이다. 또 다른 이점은 우리 제작 팀에게 메시지와 관련된 것들을 준비할 충분한 시간을 제공해준다는 점이다.

이 접근 방법의 단점은 내가 토요일 오후나 밤에 개요를 집어들면 그걸 두 주나 석 주 동안 보지 못하게 되는 셈이라는 것이다. 그래서 그것은 짧은 시간에 암기하고 소화해야 하는 엄청난 양의 정보로 보이게 된다.

나는 토요일 연구 시간의 전반부는 단순화하는 데 사용한다. 토요일의 목표는 그 내용을 가능한 기억에 남을 수 있게 만드는 것이다. 문장이나 개념을 보고 이건 절대 기억하지 못할 거야라고 생각하면 그건 잘라낸다. 메시지 전체를 자기 것으로 삼는 일에 전념하면 그 내용을 꼭 필요한 최소한의 것만 남겨두고 모두 줄여야 한다는 자극을 받게 될 것이다. 그리고 단 하나의 핵심을 만들려고 한다면 무엇을 잘라내야 할지 분별하는 것은 어렵지 않다.

만일 그 핵심을 뒷받침하거나, 설명하거나 혹은 명확히 해주지 않는 것들이 있으면 나는 모두 제거한다. 나는 오랫동안 설교를 해왔기 때문에 아무리 많은 분량을 잘라내도 주어진 시간을 충분히 채울 수 있다는 사실을 느긋하게 누릴 수 있다. 내가 지도해준 대부분의 사람들은 할 말이 줄어들까 두려워 메시지 안에 쓸데없는 것들까지 잔뜩 집어넣는다. 그리고는 사람마다 다르지만, 시간이 부족해서는 서둘러 결론을 내리는 바람에 설교 전체가 주는 효과를 상쇄시켜버리고 만다. 할 말이 너무 많은 것은 아무 말도 하지 않는 것과 동일한 결과를 맺는 경우가 많다. 시간을 채우기 위해 내용을 추가하는 것은 끔찍한 방법이다. 나도 그런 압박감은 충분히 이해한다. 그러나 한번 생각해보라. 당신은 너무 짧거나 너무 길게 설교하는 경향이 있는가? 또한 만일 일찍 끝낸다면 불평하는 사람은 하나도 없을 것이다. 몇 가지 질문을 제기한 다음 일찍 돌아가 점심을 먹게 하라. 그 밑바탕에는 적을수록 좋다는 원칙이 깔려 있다.

원고에 관한 마지막 조언

나는 영화를 한 번 보고도 영화 전체의 줄거리를 너무나 쉽게 사람들에게 다시 들려주는 것에 항상 놀라곤 한다. 그렇다고 영화를 보면서 무언가를 기억하려고 애쓰는 것도 아니면서 말이다. 이야기라는 것은 기억하고 또 반복하기 쉬운 것이다. 이것은 좋은 설교도 마찬가지다. 왜 그럴까? 왜냐하면 좋은 설교는 좋은 영화, 혹은 좋은 책과 같은 것이기 때문이다. 그런 것들은 시작 부분에서 약간의 긴장을 조성함으로써 사람들을 몰두하게 한다. 그리고 그 긴장을 해소하고, 절정에 이른다. 그런 다음 느슨해진 결말 부분을 하나로 엮어 결론을 이끌어낸다. 매우 단순하다. 당신이 메시지를 몇 개의 큰 조각으로 줄일 수 있으면 그 메시지는 이야기처럼 읽을 수 있게 된다. 그 메시지는 영화처럼 기억에 쉽게 남게 된다. 사람들은 시간이 언제 이렇게 지나갔는지 놀라게 된다. 그러나 그런 일이 일어나게 하려면 그 메시지를 자신의 것으로 삼아야 한다. 그 메시지는 당신 자신의 이야기가 되어야 한다.

좋은 영화가 갖고 있는 또 다른 측면은 편집자가 편집실에서 잘라낸 필름의 양이 엄청나다는 점이다. 적어도 옛날에는 그런 식으로 작업을 했다. 다시 말하지만 좋은 부분이 엄청나게 잘려나감으로써 최고의 부분이 빛을 발하게 되는 것이다. 한 자리에 네 시간씩 앉아서 영화를 보고 싶어하는 사람은 아무도 없다는 것은 두말하면 잔소리다. 우리의 메시지가 스스로도 기억하기 쉽고, 청중들도 즐길 수 있게 만들려면 우리도 편집자와 같은 일을 하도록 스스로를 훈련시켜야 한다. 모든 것을 채워주지는 못하지만 청중을 사로잡는 것이 원고에 매달린 채 모든 사소한 것을 다루는 것보다 낫다. 만일 청중이 당신의 메시지에 흠뻑 빠지지 않는다면 그리고 당신을 따라오지 않는다면, 모든 것을 그 안에 담는 것이 무슨 소용이 있겠는가?

반드시 외워야 하는 것은 외우라. 청중들을 메시지로부터 멀어지게 하지 않는 가운데 원고를 참고할 수 있는 방법을 개발하라. 본문을 사용하는 방법을 재고하라. 그 가운데 필요한 것들을 생각나게 하도록 활용할 수 있는 기회를 포착하라. 그 일들이 당신에게 익숙해지도록 최선을 다하라.

- 메시지를 전하러 단 앞에 서기 전에 메시지를 자신의 것으로 만들라.

- 전체 메시지를 다섯이나 여섯 조각으로 나누라. 핵심이 아니라 정보의 조각 혹은 부분으로.

- 만일 핵심을 뒷받침하거나 설명하거나 명확하게 하는 것이 아니라면 그 부분은 잘라버리라.

15장

청중과 호흡을 같이하라

:: 사람들의 이목을 사로잡고 유지하기 위한 계획은 무엇인가?

만일 커뮤니케이션이 사람들을 데리고 여행을 가는 것에 비교할 수 있다면 실제적으로 그들을 함께 데리고 가는 것은 절대적인 요청이다. 만일 당신이 어떤 종류이든지 발표회 시간에 자리에 앉아 천장에 있는 무늬를 세거나, 머릿속으로 상상을 하거나, 앞으로 해야 할 일의 목록을 훑어보고 있었다면 그것은 아마도 발표자가 기본적인 커뮤니케이션의 규칙을 어겼기 때문일 것이다. 그들은 길을 벗어났고 역 앞에 당신을 세워둔 채 떠난 것이다. 그들은 당신을 사로잡고 그 상태를 계속 유지하는 데 실패한 것이다.

얼마 전 나는 친구들과 함께 한 교회를 방문했다. 그곳에 앉아 주의를 집중하려고 애쓰는 동안 나는 그렇게 애쓰고 있는 것이 나만이 아님을 발견했다. 예배당 안에는 3, 4백 명 정도의 사람들이 있었다. 그 목사님은 분명히 그 설교를 위해 엄청나게 많은 시간을 투자했을 것이다. 그러나 청중들 대부분이 설교에 몰입하고 있지 못했다는 것 또한 분명한 사실이었다. 내게 분명히 보이는 것들에도 불구하고 그 목사님은 계속해서 자기가 준비한 내용을 전하고 있었다. 실제로 그는 자신의 설교에 너무 몰두하고 있어서 나로서는 청중들 대부분의 마음이 자리를 떠났다는 사실은 그에게 아무 상관이 없는 것은 아닌지 궁금하기까지 했다. 그는 아무도 태우지 않은 채 역을 출발했을 뿐 아니라 그것을 알아채거나 상관하지도 않는 것처럼 보였다.

예배를 마치고 우리는 점심을 먹으러 갔다. 우리 일행은 모두 12명이었다. 우리는 점심을 마치고 오후 늦게까지 거기에 머물렀다. 누구도 그 설교에 대해 한 마디도 하지 않았다. 마치 그런 일이 전혀 일어나지 않은 것 같았다. 그리고 그 사실을 눈치챈 것은 분명 나뿐이었다. 그러나 그것이 나를 계속 괴롭히는 바람에 나는 계속해서 그 일을 생각했다. 그 목사님은 여러 시간에 걸쳐 그 설교를 준비하고 전했지만, 그 결과는 너무나 미미해서 그 자리에 참석했던 사람들은 밖으로 나간 다음에 자신이 방금 들은 것에 대해 한 마디도 하지 않은 것이다. 당연히 나도 그 사실을 입 밖으로 꺼내지 않았다. 그 주된 이유는 마땅히 좋은 말이 생각나지 않았기 때문이다. 이 얼마나 비극적이면서도 흔한 일인가?

그렇다면 우리는 어떻게 해야 우리의 청중을 우리와 함께하게 할 수 있는가? 어떻게 하면 설교 시간에 청중들을 사로잡고 그 상태를 계속 유지할 수 있는가? 구체적인 내용에 들어가기 전에 한 가지 기본 원리를 살펴보도록 하자. 그것은 세계 정상급의 광고 대행 회사와 영화 제작자들은 종교 공동체 안에 잘 앉아 있지 못하는 사람까지도 끌어안는다는 것이다. 그것은 이런 말이다. 프리젠테이션은 청중들을 사로잡을 때 비로소 정보를 나누어주기 시작한다. 동일한 원리를 다르게 말하면 집중과 유지는 정보가 아니라 프리젠테이션에 의해 결정된다. 프리젠테이션은 중요하다. 그것도 많이.

프리젠테이션

당신이 말하고자 하는 것을 어떻게 말하는가는 무엇을 말하는가 만큼이나 중요하다. 프리젠테이션은 청중의 집중도를 결정한다. 근래에 사람들의 집중도에 대해 많은 말들이 있다. 이론에 의하면 기술의 발달과 대체품으로 인해 집중하는 시간의 폭이 점점 짧아진다고 한다. 그러나 나는 그 말을 받아들이지 않는다. 영화 〈반지의 제왕Lord of the Rings〉은 얼마나 긴가? 우리 아이들과 나는 그 3부작을 모두 극장에서 두 차례나 보았을 뿐 아니라 DVD를 구입해서 집에서 보고 또 보고 한다. 볼 때마다 같은 내용으로 끝이 나지만 그래도 우리는 계속 본다. 〈킹콩King Kong〉은 상영 시간이 반나절은 된다. 열세 살짜리 아들과 나는 그 영화를 두 번이나 보았다. 내가 아는 모든 아이들은 Xbox나 PS2(곧 PS3가 출시되지만) 같은 게임기 앞에서는 한눈 팔지 않고 몇 시간이나 앉아 있을 수 있다. 대부분의 어른들은 좋은 책을 읽다가 푹 빠지기도 한다. 요컨대, 몰입하게 되면 시간가는 줄 모른다는 것이다. 빠지지 않으면 시간은 정지된 것 같다. 문제는 사람들의 집중도가 아니다. 문제는 사람들의 마음을 사로잡고 그 상태를 유지할 수 있는 우리의 능력이다.

일정 부분 우리는 좋은 내용이 청중들의 마음을 사로잡는 데 필요한 모든 것이라는 말을 받아들인다. 그러나 그런 경우는 거의 없다. 거의 없다고 말한 것은 내용 자체만으로 사람들의 마음을 사로잡고 유지할 수 있는 경우가 있기 때문이다. 그런 드문 경우가 오히려 이 장이 말하려는 핵심을 강조하고 있다. 그리고 그 내용은 곧 보여지게 될 것이다. 그러나 대부분의 경우에 사람들의 주의를 사로잡고 유지하는 것은 바로 프리젠테이션이다.

당신이 가장 좋아하는 식당을 한번 생각해보라. 내 생각에 그곳은 소고기 요리, 닭고기 요리 그리고 생선 요리 등이 제공될 것이다. 내가 즐겨 찾는 식당도 마찬가지다. 놀랍지 않은가? 우리가 같은 식당을 생각하고 있다니 말이다!

당신이 좋아하는 식당을 당신 마음에 들게 만든 것은 그곳에서 제공되는 고기의 종류나 그 고기와 함께 제공되는 야채의 종류가 아니다. 그곳을 당신이 좋아하는 식당으로 만드는 것은 그들이 그 고기와 야채를 준비하고 요리해서 내놓는 방식이다. 그 음식의 내용preparation 과 모양새presentation 가 당신으로 하여금 그곳을 다시 찾게 만드는 것이다. 커뮤니케이션에 관해서도 같은 말을 할 수 있다. 사람들을 사로잡는 것은 우리의 준비preparation 와 설교 방식presentation 이다.

나는 우리 교회의 교사 중 한 사람이 같은 어린이들에게 15분 안에 연이어 세 차례에 걸쳐 친숙한 구약의 이야기를 들려주는 것을 보고 앞서 말한 것이 어떤 의미인지를 구체적으로 알 수 있게 되었다. 그 교사에게 주어진 조건은 열악했다. 먼저 청중들은 1학년부터 5학년까지였다. 대부분의 아이들은 그 이야기를 이미 알고 있었다. 그리고 그 아이들은 한 시간 넘게 무언가를 배우고 온 상태였다. 그 교사가 세 번째 이야기를 마쳤을 때 아이들은 그녀에게 기립 박수를 보냈다. 그 아이들은 처음부터 끝까지 몰입해 있었다. 그녀는 어떻게 그렇게 할 수 있었을까?

먼저 그녀는 아이들에게 그 이야기를 연극으로 만들어 직접 연기해보게 했다. 이어서 이번에는 소리 없이 무언극으로 표현하게 했다. 그리고 마지막으로 오페라처럼 이야기를 풀어보게 했다. 그 결과는 놀라웠다. 열한 살 먹은 우리 아이는 그 시간이 지금까지 교회에서 경험한 가장 재미있는 시간이었다고 말했다. 내가 그 이야기의 핵심이 무엇인지 말해달라고 하자 아이는 곧장 이렇게 대답했다. "그건 풍성함에 관한 거예요. 풍성함이란 무언가를 이루기 위해 자신이 갖고 있는 것을 사용하는 것이죠."

우리는 종종 사람들의 마음을 사로잡기 위해 무언가 새로운 내용이 필요하다고 생각한다. 그것은 옳지 않다. 새로운 전달 방법이 필요하다. 솔직히 말해서 십계명을 가지고 산에서 내려온 사람은 항상 모세다. 골리앗을 죽인 사람은 언제나 다윗이다. 다니엘은 한 번도 사자밥이 된 적이 없다. 세례 요한은 결코 헤롯의 칼날을 피하지 못했다. 예수님은 말 구유에서 나셨다. 이야기 자체는 결코 변하지 않는다. 변하는 부분은 우리의 프리젠테이션이다. 두 사람의 설교자가 동일한 이야기를 전하고서도 전혀 다른 결과를 맺을 수 있다. 모든 것은 프리젠테이션에 달려 있다.

받아치기

당신은 이렇게 말할 수도 있다. "하지만 잠깐만요. 하나님의 말씀은 그 자체로 의미가 있는 것이 아닌가요? 성경보다 그것을 어떻게 표현하느냐가 더 중요하다는 말씀이신가요?" 나로서는 첫 번째 질문에는 아니요, 두 번째 질문에는 예라고 대답하겠다. 그리고 그 이유는 다음과 같다. 근처에 있는 한인 교회에 들러 그들에게 한국어로 된 성경 일부를 한 부 복사해달라고 요청해보라. 그리고 한 시간 정도 그 한국어 성경을 읽고 묵상해보라. 만일 당신이 한국어를 할 줄 안다면 그 훈련은 매우 유익한 경험일 것이다. 그러나 한국어를 모른다면 그렇지 않을 것이다. 왜 그럴까? 한국어를 모르는 사람에게 하나님의 말씀을 한국어로 제시하는 것은 그 사람의 마음을 사로잡지도 못하며 유익하지도 않기 때문이다. 프리젠테이션이 관건이다.

아직 확신이 서지 않는가? 이런 식으로 생각해보라.

사도 요한은 이렇게 말씀하고 있다. "태초에 말씀이 계시니라 이 말씀이 하나님과 함께 계셨으니."[9]

그 말씀이 하나님과 함께 계시는 동안에는 사실상 우리에게 큰 유익이 없었지 않았는가? 그것은 그 다음 구절을 보면 알 수 있다.

"말씀이 육신이 되어 우리 가운데 거하시매."[10]

왜 그런가? 말씀이 계셨던 것만으로는 충분하지 않은 것인가? 말씀은 우리 가운데 나타날 필요가 있었는가? 절대로 그렇다. 말씀이 육신이 되어 우리 가운데 거하게 되었을 때 그 결과가 느껴지게 되는 것이다.

---

9. 요한복음 1:1
10. 요한복음 1:14

요한은 계속해서 말씀한다.

"우리가 그 영광을 보니 아버지의 독생자의 영광이요 은혜와 진리가 충만하더라."[11]

세상은 말씀이신 예수님이 인간의 몸을 입고 나타나셨을 때 비로소 나타나게 된 것이다[presented].

"본래 하나님을 본 사람이 없으되 아버지 품속에 있는 독생하신 하나님이 나타내셨느니라."[12]

예수님은 성부 하나님을 세상에 나타내셨다[present]. 창조는 하나님의 영광을 나타냈다. 예수님은 성자가 알려주기 전까지 아무도 본 적이 없는 하나님의 품을 나타내셨다. 이 사실은 예수님과 빌립의 대화 가운데 가장 분명히 드러난다. 낙심하고 있었던 것이 분명한 빌립은 예수님께 성부 하나님의 모습을 보여달라고 요청했다. 우리와 마찬가지로 그도 하나님을 보기를, 최소한 스치는 모습만이라도 보기를 원했다. 예수님이 뭐라고 대답하셨는지 기억하는가?

"빌립아 내가 이렇게 오래 너희와 함께 있으되 네가 나를 알지 못하느냐 나를 본 자는 아버지를 보았거늘 어찌하여 아버지를 보이라 하느냐."[13] 이 말씀은 무슨 뜻인가? "빌립아, 나를 본 것은 곧 아버지를 본 것과 같다."

내가 말하고자 하는 것은 이것이다. 예수님은 성부 하나님을 나타내는데

11. 요한복음 1:14
12. 요한복음 1:18
13. 요한복음 14:9

필요한 표현^{expresseion}이자 나타나심^{presentation}이었다. 하나님은 그분이 존재한다는 사실만으로 만족하지 않으셨다. 그분은 자신의 영광의 피조물이 그분을 이해하고 받아들일 수 있는 방식으로 나타나기를 원하셨다. 어떤 사람은 그렇게 했고, 어떤 사람은 그렇게 하지 않았다. 그러나 그 나타나심은 모든 사람이 볼 수 있는 것이었다. 하나님은 온갖 노력을 통해 자신을 이 세상에 알리셨다. 우리도 마땅히 그와 같은 일을 하기 위해 적극적으로 달려들어야 할 것이다. 예수님은 살아 계신 말씀이셨다. 그렇다면 우리는 기록된 말씀이신 그분이 우리의 청중들에게 생생하게 나타나실 수 있도록 할 수 있는 모든 일을 해야 하지 않겠는가? 나는 그렇게 생각한다.

나는 내가 아무 관심이 없던 십대 시절에 나에게 생명의 복음을 전한 사람들에게 큰 감사를 느낀다. 나는 성경책을 갖고는 있었다. 그러나 성경을 나의 것으로 만들지는 못했다. 하나님의 말씀은 살아 있었지만, 모든 현실적인 목적에도 불구하고 그 말씀은 내 안에 살아 계시지 못했다. 그리고 어느 여름에 댄 디한^{Dan Dehaan}이라는 이름의 한 친구가 수련회에 찾아와 말씀을 자기 나름대로 전함^{presentation}으로써 내 마음을 사로잡았다. 나는 큰 충격을 받고 처음으로 혼자 힘으로 성경을 읽어나가기 시작했다. 그 이후로 지금까지 성경을 읽고 있다. 댄은 내가 사역을 하고 있는 이유 가운데 하나다. 나는 15년 동안 청소년들에게 성경을 가르쳤다. 댄에게 고맙게도, 나는 한 번도 단순히 말씀을 선포하는 것만으로 충분하다는 생각을 한 적이 없다. 내 의무는 그 말씀을 청중들을 사로잡을 수 있도록 전하는^{present} 것이다.

일 세기에 살던 사람들은 예수님을 사랑하거나 미워했다. 그러나 아무도 잠에 빠지지 않았다. 그분은 마음을 사로잡았고 또한 노를 발하셨다. 그분은 성부 하나님의 성품과 진리를 전하는 데 있어서 모든 금제를 제거하셨다. 그분은 그저 말씀을 전한 것이 아니었다. 그분은 권세 있게 말씀하셨다. 그분과 당시 다른 교사들 사이에는 명백한 차이가 있었다. 그분은 창조적이고, 직접적이며, 온정적이고, 공격적이셨다. 그분은 커뮤니케이션의 대가이셨다. 그분과 닮은 곳이 전혀 없는 사람들도 그분을 좋아했다. 죄인들과 세리들이 그분의 말씀을 들으러 모여들었다. 어떤 때에는 수천 명이 그분의 말씀을 듣기 위해 모이기도 했다. 그분은 세상에 전해진 소식 가운데 가장 중요한 그 소식을 전하시는 데 시간이 충분하지 않았다. 그리고 그분이 사용하신 그림같이 생생한 언어와 비유들은 모든 시대의 문학 가운데 아름답게 장식되어 있다. 복음서들을 읽어보라. 예수님은 옳다는 것만으로 만족하지 않으셨다. 그분은 사람들이 자신의 말을 듣게 하는 일에 전념하셨다. 그러므로 그분의 말씀을 지렛대로 삼아 이 세대를 변화시켜야 한다고 부르심을 받은 우리가 어떻게 그보다 못한 것에 만족할 수 있겠는가?

이어지는 부분에서는 이 장에서 지금까지 말한 내용과 모순을 이루고 있는 것처럼 보일 수도 있는 커뮤니케이션의 한 측면을 보여주려고 한다. 그러나 잠시 뒤에 알게 되겠지만 그 두 개념은 사실 서로 조화를 이룬다.

정보가 충분할 때

나는 앞에서 정보 자체가 충분히 흡입력이 있기 때문에 프리젠테이션이 중요하지 않은 드문 경우도 있다고 말했다. 보기를 하나 들겠다. 나는 몇 년 전에 MRI, 정확히 정밀 MRI를 찍은 적이 있다. 그건 재미있는 일이었다. 집으로 가는 길에 나는 아내에게 전화를 걸어 내가 만일 죽게 되면 반드시 화장을 하고 싶다고 말했다.

얼마 후 나는 의사에게 전화를 걸어 MRI 촬영 결과를 보러 언제 가면 좋은지 물어보았다. 간호사는 의사가 일주일 간 출근하지 않는다고 말했다. 그 시간은 내게 영원과도 같이 느껴졌다. 왜냐하면 나로서는 그가 내게 너무도 중요한 정보를 갖고 있다고 믿었기 때문이있다. 약속한 날짜가 되어 나는 병원에 일찍 갔다. 그리고 의사가 문을 열고 들어왔을 때 내 온 신경은 온통 그의 입에 집중하고 있었다. 그런 순간에 프리젠테이션은 아무 의미가 없다. 나는 정보를 얻기 위해 그 자리에 있는 것이다. 당신도 이와 비슷한 경험을 했보았을 것이라 믿는다.

이 사실은 우리에게 매우 중요한 커뮤니케이션 원리를 제공해준다. 우리가 하나의 주제에 더 많은 관심을 가질수록 그 정보에 몰입하기가 쉬워진다. 나는 의사와 만난 방에서 엄청난 수준의 관심과 집중을 보여주었다. 그는 내게서 관심을 끌어내기 위해 아무런 일도 할 필요가 없었다. 왜 나는 그가 전해주는 정보에 그토록 깊은 관심을 보인 것일까?

내가 관심을 가졌던 이유는 내가 그토록 궁금해하는 질문의 답을 그 의사가 갖고 있다고 믿었기 때문이다. 내가 관심을 가졌던 것은 내게는 문제가 있었고, 그는 그 문제를 해결해줄 수 있을 것이라고 믿었기 때문이다. 내가 관심을 가졌던 것은 그가 내가 가진 문제를 해결해줄 수 있을 것이라 생각했기 때문이다. 문제는 정보에 대한 갈망을 만들어낸다.

그러면 이제 이렇게 한번 생각해보라. 그가 나와의 면담을 마치고 이렇게 말했다고 하자. "스탠리 씨, 지금부터 다른 환자들의 MRI를 살펴봐야 하는데 당신은 나와 함께 이 방에 있어도 괜찮겠어요?" 그 답은 분명 '아니요'일 것이다. 나는 정말 그 일에는 관심이 없다. 나는 단지 교회에 출석만 하는 대부분의 사람들처럼 예절바른 사람 축에 속한다. 그렇지만 관심은 갖고 있을까? 그렇지 않다. 무엇보다 다른 사람의 MRI가 나와 무슨 상관이 있단 말인가?

당신이 주어진 질문에 해답을 제시하고, 청중들이 풀지 못하는 수수께끼를 풀고, 혹은 해결할 수 없는 문제를 해결하려 한다고 절대적으로 믿고 있을 때 프리젠테이션은 정보에 자리를 내주어야 한다.

애틀랜타 주가 80년대에 게이들의 인권을 위한 퍼레이드를 처음 주최했을 때 나는 애틀랜타 중심지에서 아버지를 위해 일하고 있었다. 나중에 알게 되었지만 우리가 살던 곳은 그 행렬이 지나가기로 예정되어 있었다. 그뿐 아니라 그 행렬은 주일 오전에 열리도록 잡혀 있었다. 당신이 생각하는 것처럼 그건 너무도 큰일이었다. 정말 너무나 심각한 일이었다. 그 중차대한 날이 오기 몇 주 전에 나는 아버지에게 성경이 동성애에 대해 무어라 말하는지 설교해야 한다고 말씀드렸다. 그리고 아버지는 퍼레이드가 예정된 주일 아침에 연속 설교를 마치고 그날 오후에 다른 곳을 다녀오셔야 했다. 아버지는 내게 그 설교를 하라고 제안하셨다. 스물일곱의 나이에 커다란 분별력이 없던 나는 그 말에 동의했다. 그 퍼레이드가 계획된 주일 아침에 아버지는 교인들에게 그날 밤에는 내가 성경에서 말하는 동성애에 관해 설교할 것이라고 광고하셨다.

말할 필요도 없이 나는 사람들의 관심을 사로잡기 위해 많은 노력을 기울일 필요가 없었다. 모든 사람이 내 말에 귀를 기울였다. 특히 게이 단체에서 우리 교회의 저녁 집회에 참석하기로 결정한 사람이 그랬다. 왜 그랬을까? 그것은 모든 사람들이 내가 그들이 가진 의문에 해답을 제시할 것이라고, 그들이 가진 갈등을 해결할 것이라고, 혹은 어쩌면 완전히 바보 노릇을 할 것이라고 생각했기 때문이다. 이 세 가지 이유 중에 한 가지만 있어도 예배에 참석하기에 충분했다. 나는 그때 설교를 녹음한 테이프는 아무에게도 들려주지 않는다. 혹시라도 아직까지 그걸 기억하고 있는 사람은 없기를 바란다.

내가 말하고자 하는 요점은 정보 자체만으로 청중들의 마음을 사로잡을 수 있는 논쟁의 여지가 있고, 이례적이며, 감성적인 주제가 있다는 것이다. 다음 주에 성(性)에 관해 설교하겠다고 광고하면 그 주에는 교인 수가 크게 늘어난다. 주말에 포르노라는 주제로 모임을 가진 적이 있다. 그곳은 의자도 없이 서서 듣는 곳이었다. 내가 이혼에 관해 설교할 것이라는 사실을 알게 되면 그곳은 사람들로 미어터진다.

그러나 솔직하게 말해보자. 정보만으로 사람들을 끌어모으고 프리젠테이션을 부차적인 것으로 만드는 주제는 몇 개 되지 않는다. 그리고 설사 그런 주제라 하더라도 프리젠테이션은 중요하다. 다만 크게 중요하지 않을 뿐이다.

수요를 끌어올리라

이 주제에 관해 이렇게 길게 이야기를 하는 두 가지 이유가 있다. 첫째, 그건 사실이기 때문이다. 둘째, 이 특별한 경우들은 한 가지 중요한 원리를 쉽게 설명해준다. 사람들은 자신이 제기한 질문에 대한 해답을 당신이 제시해주고, 자기가 풀지 못하는 수수께끼를 풀어주며, 해결하지 못하는 갈등들을 풀어줄 것이라 믿을 때 쉽게 몰입한다. 사람들은 당신이 이 세 가지 가운데 한 가지를 제공해줄 것이라는 사실을 미리 알면 관심을 보인다. 그래서 일찍 그 자리에 참석하기까지 한다. 당신이 단 위로 걸어가는 순간 이미 감성적으로 몰입을 한다. 그러나 그 주제가 아무런 감정도 끌어내지 못하면 어떻게 하는가? 당신이 무슨 주제로 말하려는지 아무도 알지 못하면 어떻게 하는가? 청중들이 당신의 설교에 아무런 기대감을 보이지 않으면 어떻게 하는가?

간단히 말해서, 당신은 관심을 만들어내야 한다. 보통의 주일 아침이나, 어느 때건 당신이 말씀을 전할 때마다 당신이 해야 할 첫 번째 의무는 청중들이 해답을 얻고 싶어하는 질문을 제기하고, 해결하기 원하는 긴장을 조성하며, 혹은 그들이 풀지 못하는 수수께끼를 푸는 것이다. 그리고 만일 이 세 가지 가운데 하나를 하기 전에 메시지를 전하게 되면 당신은 그들을 역에 세워둔 채 혼자 출발하는 것이 된다.

만일 우리가 아무도 묻지 않는 질문에 해답을 제시하거나, 아무도 느끼지 못하는 갈등을 해결하려고 애쓰게 되면 우리가 전하는 말은 마치 소 귀에 경 읽는 격이 될 것이다. 절실한 요구를 이끌어내지 않는 정보는 자기와 아무 상관이 없는 것으로 여겨질 뿐이다. 실제로는 제아무리 중요한 것이라도 청중들이 그것의 필요성을 알거나 느끼지 못한다면 그것은 불필요한 것으로 여겨지게 되고 아무도 몰입하지 않게 된다. 그들은 우리의 말이 끝날 때까지 조용히 앉아 있을 수는 있지만 함께 호흡을 하지는 않을 것이다.

당신이 준비한 서론은 메시지 가운데 가장 중요한 부분일 수도 있다. 그것은 철도 역무원이 "모두 탑승하세요!"라고 외치는 것과 같은 것이다. 아니면 내 경우에 우리 집 차 옆에 서서 "어서 짐을 실어. 곧 출발할 거야!"라고 외치는 것과 같다. 서론은 듣는 사람들에게 귀를 기울일 만한 근거를 제시해주어야 한다. 당신이 준비한 서론은 당신이 제시하려는 대답에 질문을 제기하고, 당신이 해결하려는 긴장을 이끌어내며, 혹은 당신이 풀려는 수수께끼를 주목하게 해야 한다. 내가 보기에 많은 설교자들은 메시지의 본문을 전하고 싶어 너무 조바심을 내는 바람에 서론을 준비하는 데 거의 시간을 들이지 않는다. 그래서 혼자 역을 떠나고 만다.

서론

나는 보통 서론을 가장 마지막에 작성한다. 그리고 토요일 저녁에 서론을 다시 작성하는 일이 자주 있다. 나는 서론을 내가 보통 작성하는 3쪽 분량의 개요 가운데 한 쪽의 1/3을 차지하게 한다. 서론은 내가 전하는 메시지 가운데 항상 소리내어 연습하는 부분이다. 나는 만일 처음 5분 안에 청중들의 이목을 끌지 못하면 모든 것을 잃는다고 생각한다. 내가 준비한 시간은 헛것이 된다. 삶을 변화시키기 위한 나의 깨달음은 누구도 변화시키지 못하게 된다.

여기 당신이 서론을 준비할 때 참고할 수 있도록 두 개씩 세 쌍의 질문을 추천한다.

- 내가 대답하고자 하는 질문은 무엇인가? 나는 청중들이 그 질문에 대한 답을 알고 싶어하게 만들기 위해 무엇을 할 수 있는가?
- 이 메시지가 해결하려는 긴장은 무엇인가? 나는 청중들이 그 긴장을 느끼게 하기 위해 무엇을 할 수 있는가?
- 이 메시지가 푸려는 수수께끼는 무엇인가? 나는 내 청중들이 그 해법을 원하게 만들기 위해 무엇을 할 수 있는가?

나는 모든 메시지가 이 세 가지 원동력 가운데 하나를 중심으로 구성될 수 있다고 믿는다. 당신의 메시지와 가장 잘 맞는 것 하나를 인식하는 것은 당신에게 어떻게 서론을 구성할 수 있는지를 알게 해준다. 메시지의 초점을 하나의 중심 개념으로 좁히는 작업에 성공하게 되면 서론을 어떻게 구성할지 선택하는 일을 훨씬 쉽게 해준다.

예수님은 항상 그렇게 하셨다. "사람들이 나를 누구라고 하느냐?" 이 질문은 어느 정도 긴장감을 조성시켰을 것이다. 그분은 당시 사람들의 선입견과 정반대되는 문장을 끊임없이 던지심으로써 즉시 모든 사람의 이목을 집중시킬 수 있으셨다. "심령이 가난한 자는 복이 있나니." 이 말은 옳지 않다. 목표는 심령이 부유해지는 것이다. 그렇지 않은가? 그분의 비유는 하늘에 있는 나라와 사람이 세운 나라 사이의 긴장을 강조했다. 이 말은 서론으로 어떠한가? "…것을 너희가 들었으나 나는 너희에게 이르노니…."

예수님은 어느 날 이런 말씀으로 논쟁을 유발시키셨다. "내가 진실로 너희에게 이르노니 부자는 천국에 들어가기 어려우니라 다시 너희에게 말하노니 약대가 바늘귀로 들어가는 것이 부자가 하나님의 나라에 들어가는 것보다 쉬우니라."[14] 제자들의 반응이 어떠했는지 기억하는가? "제자들이 듣고 심히 놀라 가로되 그런즉 누가 구원을 얻을 수 있으리이까?"[15] 예수님은 자신이 대답하고자 하는 것을 제자들이 물어보도록 이끄셨다.

만일 당신이 서론을 통하여 긴장감을 조성하는 일에 성공한다면 감성을 건드리는 일에도 성공하게 될 것이다. 감정이 움직인 환경은 사람을 끌어들인다. 사람은 긴장감이 생기면 집중하게 되어 있다. 혹시 깊은 바닷속에 잠수를 해보거나 낙하산을 타고 뛰어내린 적이 있는가? 만일 있다면 나는 그때 당신이 교관의 지시에 최대한 집중했을 것이라 믿는다. 그와 똑같은 일이 우리가 말씀을 전하기 위해 사람들 앞에 섰을 때도 일어난다. 긴장감은 집중하게 한다. 긴장감을 만들어내는 일에 실패했으면서도 사람들의 주의를 집중시키고 그것을 유지할 수 있다고 생각하는 것은 잘못이다.

---

14. 마태복음 19:23-24
15. 마태복음 19:25

바로 이런 이유 때문에 나는 13장에서 청중들이 당신이 해결해주기를 간절히 원하는 긴장감을 조성하기 전까지는 우리(WE) 부분에서 다음 부분으로 넘어가지 말라고 경고했다. 그렇지 않으면 아무도 물어보지 않는 질문에 대답하면서 반 시간이나 자기 인생 이야기를 늘어놓아야 한다.

그러나 당신도 알다시피 잘 짜여진 서론으로 청중의 주의를 사로잡는 일은 단지 시작에 불과하다. 당신은 그들과 처음부터 끝까지 호흡을 함께해야 한다. 그래서 서론 이후에 청중들의 마음을 잡아두는 데 도움이 되는 다섯 가지 방법을 다음과 같이 제시한다.

교전 수칙

1. 속도를 점검하라.

인간의 두뇌가 처리하는 낱말의 속도는 입으로 내뱉는 낱말의 속도보다 훨씬 더 빠르다. 이 한 가지 사실은 커뮤니케이션과 관련해 엄청난 의미를 부여해준다. 제프 밀러 Jeff Miller 는 〈리더십 Leadership〉이라는 잡지에 기고한 한 글에서, 설교자의 WPM word per minute, 1분당 처리하는 낱말의 수 에 관해 이야기하고 있다. 제프에 의하면 영어로 말하는 서구인의 대화 속도는 분당 150 낱말이다. 밀러는 이렇게 말한다. "연구에 의하면 1분당 150개보다 조금 더 빠른 속도는 그 사람의 메시지에 위엄을 더해준다. 더 빨리 - 분당 190까지 - 말하는 사람은 느리게 말하는 사람들보다 더욱 객관적이고, 지적이며, 설득력이 있는 것으로 평가된다."

놓쳐서는 안 되는 것은, 만일 당신이 지나치게 느리게 말한다면 아무리 중요한 내용을 전한다 해도 따분하다는 인상을 심어주게 된다는 것이다. 제프는 계속해서 대중 연설가들은 보통의 대화 속도를 뛰어넘는 수준까지 말의 속도를 증가시켜야 한다고 지적한다. 그렇게 하지 않으면 사람들의 뇌는 우리가 말하는 것 이상으로 앞서가기 때문에 그 간격으로 인해 짜증을 유발시킬 수도 있다. 그렇게 되면 관심을 잃어버리게 된다. 아마도 당신은 연사가 너무 천천히 말하는 바람에 인생이 헛된 곳으로 새어나가고 있다고 느껴지는 자리에 억지로 앉아 있었던 적이 있을 것이다. 여기서도 그 주범은 그 사람이 말하고 있는 것의 의미가 아니라 그 속도다.

당신의 WPM은 당신이 말하는 주제에 대한 당신의 관심과 열정을 대변해준다. 우리 아이들이 뭐라고 계속해서 말하면서 2층에서 뛰어내려오면 나는 그 아이가 무슨 말을 하는지 알아듣기도 전에 그 말에 귀를 기울이게 된다. 그 아이의 말의 속도가 너무 빨라서 나는 그 아이에게 무언가 매우 중요한 할 말이 있구나 하고 생각하게 된다. 우리의 말의 속도는 우리가 하는 말의 중요성을 전달해준다.

만일 당신이 당신의 설교를 녹음한 테이프나 CD를 들으면서 빨리 가기 버튼을 누르고 싶어한다면 당신은 WPM과 관련된 문제가 있는 것이다. 만일 자기 설교를 들어보는 습관이 없다면 그건 또 다른 문제다. 후자가 더 큰 문제다.

내게는 해결해야 할 WPM 문제가 있다. 그러나 그것은 내가 말을 너무 느리게 한다는 것이 아니다. 나는 말을 지나치게 빨리 하는 경향이 있다. 신학교에서 처음 배운 설교학 시간에 교수님은 불쑥 이렇게 말씀하셨다. "앤디, 자네 말하는 속도를 줄이지 않으면 설교자로서 절대 성공할 수 없을 것이네." 나는 그 말을 한 번도 잊어본 적이 없다. 사실, 그 말은 내가 신학교에서 배운 것 가운데 아직도 잊어버리지 않고 기억하고 있는 몇 안 되는 가르침 가운데 하나다. 그러나 그 교수님의 말은 옳았다. 내가 내 설교를 녹음해서 들어보는 가장 중요한 이유는 내 말의 속도를 점검하기 위해서다. 말을 너무 빠르게 하는 것은 너무 느리게 하는 것과 마찬가지로 사람들을 싫증나게 할 수도 있다. 그리고 말할 것도 없이 지나치게 빠른 속도는 발음에 문제를 불러일으킬 수도 있다. 만일 사람들이 우리 말을 따라가는 것을 힘들게 생각하게 된다면 그들은 곧 따라가는 것을 그만둘 것이다. 그건 사람을 기진맥진하게 만드는 일이다. 그리고 지치는 것과 관련해서 귀를 닫고 있는 청중들에게 신호를 보내고 있는 불쌍한 사람들은 어떻게 될지 상상해보라. 신호를 보내느라 그들의 손에 불이 붙지 않은 것은 놀라운 일이다. 나는 성경책 사이에 '속도를 늦추라!'고 쓴 카드를 넣고 다닌 적이 한두 번이 아니다.

2. 굽은 길에서는 속도를 늦추라.

굽은 길에서 사람을 놓치기는 쉬운 일이다. 서론에서 본문으로 그리고 다시 핵심으로 그리고 적용으로 넘어가면서 사람들에게 방향 전환을 하고 있다는 일종의 신호를 보내주라. 청중들로 하여금 당신이 방향 전환을 하고 있다는 것을 알게 하라. 모든 사람이 당신이 장면을 전환하고 있다는 것을 알게 하라. 그렇다. 나는 방금 두 차례 반복했다. 그건 사람들에게 당신이 메시지 가운데 다른 부분으로 이동하고 있음을 알려주는 한 가지 방법이다. 무언가를 한 차례 말하는 것은 그것을 강조해주지 못한다. 같은 말을 다른 방법으로 여러 차례 말하면 강조가 된다. 다음은 내가 우리(WE) 부분에서 하나님(GOD) 부분으로 전환할 때 사용하는 전형적인 전환 신호다.

다행스럽게도, 우리는 이 문제에 대해 고민하는 최초의 사람이 아닙니다. 초대교회의 모든 성도들도 우리와 동일한 관심을 가졌습니다. 그래서 어느 날 정말로 한 무리가 예수님께 나아와 그 문제에 관해 질문했습니다. 그래서 우리는 바로 이 문제에 관해 예수님이 말씀하시는 것을 들을 수 있는 기회를 갖게 될 것입니다. 그리고 다시 한 번 말씀드리지만, 우리는 성경은 우리가 오늘날 부딪히고 있는 문제를 정확히 다루고 있다는 사실을 깨닫게 될 것입니다.

다음은 내가 본문에서 적용 부분으로 전환할 때 사용하는 말이다.

이제, 그 점에 비추어볼 때 우리는 어떻게 해야 합니까? 이 원리는 우리의 삶과 어떤 관계가 있습니까? 당신은 내일 아침 회사에서나 학교에서 이 원리를 갖고 무엇을 하시겠습니까? 저녁 식사 시간에 모일 때 이 원리가 어떤 식으로 나타나겠습니까? 다음과 같은 몇 가지를 살펴볼 수 있을 것입니다.

이 두 번째 문단에서 내가 구체적인 적용을 제시하지 않았다는 점에 주목하라. 나는 그저 다음에 무엇이 오는지를 모든 사람이 알게 할 뿐이다. 나는 개요를 준비할 때 항상 필요한 전환 장면이 있으면 여기서 소개하고 있는 것과 같은 문장을 적어둔다. 개요 가운데 들어 있는 이런 전환 단락은 길이 굽었으니 속도를 줄여야 한다는 사실을 일깨워주는 시각적인 역할을 한다.

장면 전환은 사람들에게 다시 한 번 당신을 따라잡을 수 있는 기회를 준다. 장면 전환은 청중들에게 그 논의에 다시 참가할 수 있는 기회를 제공한다. 청중들은 여러 가지 다양한 이유 때문에 당신의 말을 놓칠 수도 있는데, 그 가운데 대부분은 당신이 어떻게 할 수 없는 것들이다. 그러나 굽은 길에서 속도를 줄임으로써, 진행을 멈춤으로써 그들은 다시 어깨를 나란히 할 수 있게 된다.

3. 본문을 향해하라.

13장에서는 대부분의 설교에서 설교의 흐름이 막히는 부분은 본문 부분이라고 언급했다. 내 생각에 본문은 메시지 가운데 가장 몰입되어야 하는 부분이다. 그러나 그러기 위해서는 우리 측에서 몇 가지 노력을 해야 한다. 다음은 사람들을 본문에 몰입하게 만드는 내가 정한 몇 가지 도로 규칙이다.

• 청중들에게 한 번에 하나씩의 단락만 보여주라. 한 화면에 몇 개의 다른 단락을 비춰줄 수도 있지만, 당신이 성경 이곳저곳을 훑고다니는 동안 그들이 당신을 따라올 수 있을 것이라 기대하지 마라. 중요 본문을 택하고 그것을 가르치라. 하나의 구절을 깨닫는 것이 네 개의 구절을 찾아보는 것보다 낫다.

• 아무런 해설 없이 긴 본문을 읽지 마라. 중간중간 해설을 삽입하라. 이야기로 된 본문이라 하더라도 본문 전체를 죽 읽어나간 다음 설교를 시작하지 말라. 사람들이 본문을 따라오도록 인도하라.

• 낯선 낱말이나 어구는 강조하고 설명하라. 자신을 항해사나 혹은 여행 안내자라고 생각하라. 앞으로 나가면서 이것저것 가리키라. 그러나 앞으로 나가는 일을 계속하라.

• 본문에 대한 자신의 무력함과 의심을 피력하라. 만일 그 본문이 당신을 무력하게 만든다면 청중 가운데 누군가도 무력하게 만드는 것이다. 혹시 본문이 비합리적이거나 당신에게 실행 불가능한 것처럼 들린다 해도 그렇게 들리는 것은 당신뿐이 아니다. 당신이 청중들이 무슨 생각을 하고 있는지 말할 수 있을 때, 그들은 당신을 믿을 수 있고 다가갈 수 있는 사람으로 여기게 될 것이다.

"그건 믿기가 너무 힘들어요. 그렇지 않나요?"

"만일 하나님이 제게 성경 가운데 한 절을 지우게 해주시면 바로 이 구절을 지울 겁니다."

"예수님은 분명 여러분 회사의 사장을 만나본 적이 없으실 거예요."

"만일 제가 제자들 가운데 하나였다면 바로 그 순간 걸었을 거예요."

"이 부분이야말로 우리가 손을 들고 우리의 슬픈 이야기를 들려드려야 할 곳입니다. 무엇보다 만일 하나님이 여러분이 어떤 일을 겪었는지 아신다면, 여러분은 통과하셨을 겁니다."

• 청중들로 하여금 본문의 주요 핵심을 예상하도록 도와주라.

"그렇습니다. 그럼 말씀드리겠습니다. 이것이 바로…."

"그 순간 그분은 폭탄을 떨어뜨리셨습니다."

"여기서 예수님의 말씀을 듣던 사람들은 어리둥절했습니다. '이 사람이 지금 무슨 말을 하고 있는 거지?' 그때 그분이 그들에게 말씀하셨습니다…."

• 의도적으로 본문을 틀리게 읽으라. 반대의 의미를 가진 낱말을 집어넣은 다음 사람들이 알아챌 때까지 기다리라.

"기록된 것처럼, 받는 것이 주는 것보다 복이 있습니다."

"남편들이여, 자기 아내를 사랑하기를 그들이 당신을 사랑하는 것처럼 하십시오."

"너희가 행위로 말미암아 구원을 얻었느니라."

• 청중들이 특정한 낱말을 강조하여 큰 소리로 읽게 하라.

"그리고 진리를 알지니 진리가 너희를… 뭐라구요? 뭐라고 말씀하고 있습니까? 다함께 말해봅시다."

"만일 우리가 우리 죄를 자백하면 저는 미쁘시고 의로우사 우리 죄를… 어떻게 하시구요? 사하십니다. 우리 죄를 사하시며 모든 불의에서 우리를 깨끗케 하실 것이요."

"또 네 이웃을 사랑하고 네 원수를 미워하라 하였다는 것을 너희가 들었으나 나는 너희에게 이르노니 너희 원수를 어떻게 하라? 사랑하라. 믿으십니까? 네 원수를 사랑하며 너희를 핍박하는 자를 위하여 기도하라."

• 잘 만들어진 문장으로 본문을 요약하라. 당신은 긴장, 절실한 필요, 질문, 문제 등 무엇이든 처음에 세워둔 것을 전하기로 약속했다는 사실을 잊지

말라. 본문을 다루는 시간에 바로 그 일을 해야 한다는 사실을 명심하라. 미리 준비되고 암기된 요약 문장은 왜 하필 그 분문을 다루는지 설명해주지 않은 채 우연히 본문을 벗어나는 일이 없게 해준다. 그런 일은 설교 가운데 자주 일어난다. 우리는 주어진 본문을 10분 동안 논의했으니까 확실히 전했다고 생각한다. 그러나 본문을 다루었다는 것이 본문의 핵심을 분명히 전달했다고 보장해주는 것은 아니다.

"바울의 핵심은 그리스도가 우리를 용서하셨으니 우리도 서로를 용서해야 한다는 것입니다."

"요셉은 하나님이 자기와 함께 하신다는 것을 확신하는 사람이라면 누구나 하는 일을 했습니다."

"베드로가 믿음을 따라 행했을 때 그리스도가 어떤 분이신지를 깨달았습니다."

• 기회가 되는 대로 영상 자료를 사용하라. 영상 자료는 사람을 끌어당긴다. 형편없는 것이라 해도 무방하다. 주님의 지상명령에 대해 설교할 때는 지도를 사용하라. 다윗과 골리앗에 관해 설교할 때는 고무줄 새총을 보여주라. 우리의 마음과 돈과의 관계에 대한 예수님의 가르침을 설명할 때는 현금을 꺼내 보여주라. 마음을 넓게 열라.

한번은 그리스도의 몸 안에서 우리 개인이 맡은 역할과 관련된 구절들을 가르치고 있었다. 나는 커다란 유리잔을 몇 개 준비하여 그 안에 노란색이 나는 물을 채우고 그 안에 플라스틱으로 만든 사람의 신체 일부를 하나씩 넣었다. 그리고 그 잔들을 각기 천으로 덮었다. (무대 위에 종이로 덮은 물건을 두는 것 자체로 당신은 설교를 시작하기 전에 이미 청중들보다 앞선 것이다.)

어쨌든, 그 모습은 괴기 영화에나 나올 법한 장면이었다. 내가 덮개를 벗기자 사람들은 그 안에 들어 있는 것이 실물인 것처럼 생각했다. 나는 몸의 지체로 행동하기를 거부하는 그리스도인이 하나님 보시기에 바로 이렇게 보인다고 설명했다. 몸에서 떨어진 지체는 끔찍했다.

모든 사람이 설교에 몰입했다. 비록 비위를 상한 사람도 있었지만 푹 빠져들었다.

• 연구하면서 배우게 된 모든 것을 전하고 싶은 욕구를 이겨내라. 설교 준비를 하다보면 너무 마음에 들어 도저히 버리고 싶지는 않지만 설교 가운데 억지로 구겨넣으면 안 된다는 것을 알고 있는 재미있는 내용들이 적힌 종이가 늘 나온다. 만일 그것이 여행에 도움이 되지 않는다면 삭제하라. 만일 그것이 청중들이 긴장을 푸는 데 도움이 되지 않으면 다음 번으로 남겨두라. 무엇보다 아직 당신에게는 다루어야 할 당신(YOU)과 우리(WE) 부분이 남아 있다. 그리고 절대 해서는 안 되는 것은 결론을 향해 달려가는 것이다. 급격한 착륙은 승객의 마음을 불편하게 한다. 성급하게 결론으로 치달은 메시지 역시 마찬가지다.

요점 : 청중이 본문과 호흡하게 하라. 단순히 본문을 읽고 앞으로 나아가지 말라. 사소한 것에 빠져 길을 잃지 말라. 우리가 원하는 것은 사람들이 하나님의 말씀을 사랑하게 되는 것이다. 그들이 말씀에 사로잡히게 하라.

4. 예상하지 못했던 것들을 여행에 추가하라.

예상하지 못했던 것은 항상 마음을 사로잡는다. 언제나 말이다. 만일 예배 시간에 누가 밖으로 나가거나 회의실에 갑자기 새가 날아 들어온 일이 있다면 내가 무슨 말을 하는지 잘 알 것이다. 무언가 이례적인 일이 일어나면 모든 사람은 흥미를 갖는다. 그러니 다음 격언을 당신의 장점으로 활용하는 것은 어떤가? 무언가 특이한 것을 계획하라.

그리 오래되지 않았지만, 우리 버크헤드 캠퍼스 Buchhead Campus 의 담당 사역자인 제프 헨더슨 Jeff Henderson 이 이 원리를 매우 창조적인 방식으로 사용했다. 버크헤드 교회는 우리 교회가 실시하고 있는 영상 캠퍼스다. 보통은 그 모임에 연사가 실제로 등장하지 않고 모두 비디오를 시청한다. 그렇지만 직접 말씀을 전하는 사람이 있어야 하는 경우도 있다. 그 해의 첫 주일이 바로 그런 경우다.

제프는 '가로막힌 삶'이라는 제목의 메시지와 함께 한 해를 시작하려고 했다. 방해가 설교의 주제였기 때문에 그는 무대를 하나 만들려고 결심했다. 예배는 평소와 마찬가지로 시작되었다. 헌금이 끝난 뒤에 스크린이 내려오고 나는 사람들 앞에 서서 설교를 시작했다. 예배가 시작된 지 5분 정도 지나자 제프와 그의 일당은 갑자기 정전이 된 것처럼 만들었다. 스크린을 비롯해 모든 것이 어둠에 잠겼다. 그 순간 제프가 단 위로 걸어와 인생이 가로막혔을 때 어떻게 할 것인가에 관한 놀라운 메시지를 전했다. 모든 사람이 빠져들었다. 믿을 수 없었다. 진행이 너무 부드러웠기 때문에 청중 가운데 절반 이상은 실제로 정전이 되었고, 제프는 우연히 메시지를 준비했던 것이라고 믿고 있었다.

물론, 그것은 좀 지나친 면이 있었다. 그러나 전원을 내리는 일보다는 약하지만 당신이 이렇게 저렇게 설교할 것이라는 사람들의 예측을 무너뜨릴 수 있는 것들은 많이 있다. 영상 자료 역시 같은 역할을 한다. 인터뷰를 하거나, 청중 가운데 한 사람과 우스갯소리를 하거나, 사람들을 단 위로 올라오게 하거나, 설교하는 동안 누군가 그림을 그리거나 색칠을 하게 하라. 어느 날은 내가 피아노 앞에 앉아 미리 작곡한, 그날 설교의 핵심을 강조하는 짧은 곡을 연주하기도 했다. 연주는 별로였지만 모든 사람이 흠뻑 빠져들었다.

나는 당신이 단지 이런 것에 관해 생각해보지 않았기 때문에 이 원리를 적용시킬 수 있는 많은 기회들을 놓치고 있을 것이라 생각한다. 당신은 개요를 얻은 것으로 만족했다. 그럼 예상치 못했던 무언가를 계획하기 위해 누구의 에너지가 남았겠는가? 여기 몇 가지 제안이 있다. 다른 사람이 그것에 관해 생각하게 하라. 다음 연속 설교가 시작될 때 한 팀을 참여시켜 당신의 큰 개념을 제시하고, 그들에게 당신이 새로운 무엇을 첨가할 수 있도록 도와달라고 임무를 부여하라. 나는 그들이 수많은 별 볼 일 없는 아이디어를 갖고 나타날 것이며, 그 가운데 하나 정도는 그럴듯하게 고쳐서 사용할 수 있을 것이라고 전망한다. 시간이 지나면서 그들은 당신이 어떤 것을 편하게 생각하는지 그리고 무엇이 당신에게 통하지 않는지 감을 잡게 될 것이다. 요점은 예상하지 못했던 것을 도입할 수 있는 기회를 찾으라는 것이다. 아무도 그것을 예상하고 있지 못할 것이다.

5. 가장 곧은 길을 택하라.

간단히 말해서, 단도직입적으로 말하라. 청중들은 당신이 이 여행을 통해 어디로 갈 것인지를 일찍 알 필요가 있다. 당신도 10분 정도 설교를 진행한 다음에 실망하면서 속으로 "지금 어디로 가고 있는 거지?" 하고 생각한 경험이 분명 있을 것이다. 여기서 멈추고 그때 일을 잠시 생각해보라.

만일 당신이 용기백배하여 자리에서 일어나 설교자에게 "여보세요, 지금 이걸 이끌고 어디로 가겠다는 건가요?"라고 말할 용기가 있다면 두 가지 일이 일어날 것이다. 아니, 당신이 쫓겨나가는 것도 포함시킨다면 어쩌면 세 가지일지도 모르겠다. 맨 먼저 일어날 수 있는 일은 설교자가 당신이 그걸 모르고 있다는 사실에 깜짝 놀라는 것이다. 그의 생각에 그 메시지가 어니를 향하고 있는지는 너무도 분명한 것이기 때문이다. 두 번째 일어날 수 있는 일은 설교자가 어디로 가고 있는지를 정확하게 말해줄 수도 있는데, 그 경우 당신은 이렇게 대답할 수도 있다. "그렇다면 왜 그걸 우리에게 처음부터 말해주지 않았나요?"

그럼 나는 지금 어디로 가고 있는 것일까? 청중들에게 당신이 대답하고자 하는 질문과 당신이 해결하려고 하는 긴장, 혹은 당신이 풀려고 하는 수수께끼를 소개하려 할 때 너무 단도직입적으로 나서는 것은 무리라는 것이다. 다만 당신이 필요하다고 생각하는 것보다 더 빨리 그곳에 도착하라. 당신이 필요하다고 생각하는 것보다 더 구체적으로 말하라. 그리고 당신이 필요하다고 생각하는 것보다 더 자주 반복하라. 그들은 당신이 말하고자 하는 것을 알고 싶어한다. 그들은 당신이 말을 시작하자마자 어디로 가려는지 알고 싶어한다. 그들을 더 오랫동안 기다리게 할수록 그들의 마음이 그 자리를 떠날 위험이 더욱 커진다.

나는 대학에서 언론학을 전공했다. 이 말에 놀랄 사람도 있겠지만, 나로서는 그러지 않기를 바랄 뿐이다. 내가 수강한 과목을 맡은 분 가운데 데이비스 Davis 박사라는 교수님이 계셨다. 그 분은 훌륭한 분이었다. 그 분이 즐겨 하시던 일 가운데 하나는 학생들을 교실 앞으로 불러내 그날 학생이 준비한 이야기의 서론 부분을 읽게 하고는 "자네는 여기서 무슨 말을 하려고 하는가?"라고 질문하는 것이었다. 대부분의 경우 공격의 대상이 된 학생은 서론 부분에 대해 응집력 있고 직설적인 요약문을 중얼거리곤 했다. 그러면 데이비스 교수는 보고서를 건네주면서 이렇게 말하셨다. "그렇다면 그것을 말하게."

당신과 마찬가지로 나도 자리에 앉아 설교를 들으면서 자리를 박차고 일어나 "지금 무슨 말씀을 하고 싶으신 건가요?"라고 말하고 싶은 때가 너무나 많이 있었다. 나는 그들도 알고 있을 거라고 확신한다. 그러나 나로서는 알 수 없었다. 그리고 그들은 내게 도움이 되지 않았다. 그들은 자신의 생각 언저리를 돌면서 춤을 추기만 했지 그 밖으로 나와 그것을 분명하게 발설하지 않았다. 이것은 정말 실망스러운 일이었다. 그보다 더 나쁜 것은, 그들은 자기가 사람들에게 좌절감을 안겨줄 수도 있다는 것을 전혀 눈치채지 못하고 있었다는 점이다. 일반적으로 청중들에게 무슨 말을 하기 전에 먼저 자신이 무엇에 관해 이야기하려는지를 미리 말해주는 것이 더 좋다. 그렇게 하지 않으면, 그들은 당신이 제시하는 정보가 어떤 맥락 가운데서 나온 것이며 어떤 출처에서 온 것인지 전혀 모르게 된다.

만일 좀더 간접적인 접근법이 필요한 주제나 이야기를 만나게 되면 청중들을 고려하여 그 메시지가 아무데도 가지 않는 것처럼 보인다는 것을 당신이 알고 있음을 알려주라. 간단히는 "저를 믿으세요. 지금부터 어딘가로 갑니다" 라고 말하는 것으로 손님들을 얼마든지 편하게 해줄 수 있다. 뒷문을 통해 슬금슬금 주제에 접근하는 것은 깜짝 놀랄 만한 커뮤니케이션 기법이다. 그러나 청중들을 어둠 속으로 인도할 때 그들이 길을 잃지 않게 하는 것도 기술이다. 만일 당신이 청중들로부터 신뢰를 얻고 있다면 그들은 당신이 아무 생각 없이 툭툭 내던지듯 제공하는 정보들이 결국 하나로 모이게 될 것이라고 믿을 것이다. 그러나 일반적인 설교자에게는 직선주로가 더 낫다.

듣고 배우라

어떤 설교자는 사람들을 끌어들이는 일에 다른 사람들보다 타고난 재능을 갖고 있기도 하다. 그러나 우리는 누구나 더 나아질 수 있다. 당신은 사람들을 더 많이 몰입하게 만들 수 있다. 다음에 그 사람의 말을 더할나위 없이 충분히 알아들을 수 있는 사람을 만나게 되면 스스로 그 이유를 물어보라. 왜 그들의 말은 쉽게 귀를 기울일 수 있는 거지? 그들이 무엇을 하고 또 무엇을 하지 않았기에 시간이 그렇게 빨리 지나고, 그 정보들은 쉽게 접근할 수 있었을까? 그리고 다음 번에 천장에 새겨진 무늬를 세고 또한 성경을 뒤적이며 설교가 언제 끝날까 기다리게 되면 역시 같은 질문을 물어보라. 그들이 잘못하고 있는 일들을 모두 찾아내 목록을 만들어보라. 어떻게 하면 그들의 메시지가 제대로 전달될 수 있을지 스스로 물어보라. 당신이 그 자리에 섰더라면 그 메시지를 어떻게 전달했을지 다시 적어보라. 그리고 다음 번에 찾아가서 그것을 전해주라. 그들은 감사할 것이다. 어쩌면 당신을 저녁 식사에 초대할지도 모른다.

기억하라. 듣는 것은 읽는 것과 다르다는 것을. 만일 당신이 책을 읽다가 어디를 읽는지 잊어버리거나 줄거리를 놓치게 되면 다시 앞으로 돌아가 읽을 수 있다. 그러나 말로 전달되는 과정에서 중간에 놓쳐버리면 끝날 때까지 계속 길을 잃은 채로 있게 될 것이다. 그러므로 청중과 호흡을 같이하기 위해 필요한 일들을 하라. 당신의 메시지는 중요하다. 더욱이, 당신은 그것을 준비하기 위해 많은 시간을 들였다. 사람들을 역 앞에 세워둔 채 떠나지 말고, 그들을 태우고 떠나라. 장면을 전환할 때 그들을 놓치지 말고 속도를 늦추라. 그리고 본문을 찾아 헤매다 그들이 탈출하게 내버려두지 말라. 그들과 함께 성경 안을 항해하라. 몇 가지 위험을 무릅쓰라. 새로운 방법들을 시도하라. 청중과 호흡을 같이하라.

● 체 . 크 . 포 . 인 . 트 ●

- 청중과 호흡을 같이하라.
- 청중과 호흡을 같이하라.
- 청중과 호흡을 같이하라.

16장

자기만의 목소리를 찾으라

:: 당신에게 어울리는 것은 무엇인가?

나는 서두에서 당신에게 아마 '이것이 커뮤니케이션의 유일한 방법인가?' '이건 그저 앤디 스탠리라는 사람이 기록한 사기만의 커뮤니케이션 스타일은 아닌가?' '우리는 자기만의 스타일과 접근법을 개발해야 하는 것 아닌가?' 라는 의문이 들 것이라고 말했다. 나는 커뮤니케이션에 관해 이야기할 때마다 그와 비슷한 질문을 받곤 한다. 그럼 이제부터 스타일이란 것에 관해 이야기해보자.

설교자로서 자신만의 독특한 모습을 찾는 일이 얼마나 중요한가에 대해서는 많은 사람들이 이야기하고 있다. 나도 그 의견에 동의한다. 진정성은 엄청난 것을 전달해준다. 진정성은 커뮤니케이션과 관련된 많은 잘못을 상쇄해준다. 만일 설교자가 신뢰할 만하고 성실하다면 나는 많은 것을 참을 수 있다. 그러나 내가 듣고 있는 것이 무대 위에서만의 그 사람이라는 생각이 들면 곧바로 옆길로 새버리고 말 것이다. 당신도 나와 같은 생각일 것이라고 믿는다. 나는 바로 당신 자신의 말을 듣고 싶은 것이지 당신이 좋아하는 설교자를 흉내내는 것을 듣고 싶은 것이 아니다.

나는 이와 관련해 척 스윈돌[Chuck Swindoll]이 한 말에 동의한다.

자신이 누구인지 알라.
자신의 모습을 받아들이라.
자기 자신이 되라.

나는 이 말이 릭 워렌을 흉내내야 한다고 생각하는 남성이나 새로운 베스 무어[Beth Moore]가 되려고 이리저리 치장을 하는 여성들에게 꼭 필요한 조언이라고 생각한다. 그러나 '자기 자신이 되라'는 말은 변명이 될 수도 있다. 나만의 스타일은 모든 잘못된 커뮤니케이션 습관을 가리는 연막이 될 수도 있다. 나는 너무나 많은 설교자들과 교사들이 자기만의 스타일이라는 카드를 내밀며 변화와 개선을 거부하는 모습을 보아왔다. 따분한 것은 스타일이 아니다. 따분한 것은 따분한 것이다. 애매한 말을 하는 것이 스타일일 수도 있다. 그러나 애매한 것은 여전히 애매한 것이다. 커뮤니케이션과 관련된 우리의 습관들은 좋건 나쁘건 우리 스타일의 일부다. 그러나 나쁜 습관은 스타일의 일부라고 변호할 것이 아니라 제거되어야 하는 것이다. '자기 자신이 되라'는 말은 초라한 커뮤니케이션 기술에 대한 변명이 아니다. 그것은 하나님이 만들어가시는 그런 자기 자신이 되라는 권고이지 하나님이 만드신 것과 다른 사람이 되려고 애쓰라

16. 랜디 포프(Randy Pope), 'Preaching in the Prevailing Church, An Interview with Randy Pope,' Preaching, 21, no, 4(Jan-Feb 2006): 46.

는 말이 아니다. 그것은 이런 말과 다른 것이다.

자신의 메시지가 너무나 복잡하다는 것을 알라.
그것이 너무 복잡하다는 것을 인정하라.
계속해서 복잡해져라!
아니면,
자신이 청중과 호흡을 함께하지 못한다는 것을 알라.
자신이 청중과 호흡을 함께하지 못한다는 것을 받아들이라.
계속해서 청중과 호흡을 함께하지 못하라!

자기 자신이 되라. 그러나 당신이 될 수 있는 최고의 설교자가 되라. 그러기 위해서는 더 효과적인 것들을 얻기 위하여 이미 당신 스타일의 일부가 되어 버린 편리한 것들을 기꺼이 희생시켜야 한다. 그러면 시간이 지나면서 당신이 만들어가는 그 변화가 당신의 스타일의 일부가 될 것이다. 다음의 몇 가지 예화가 도움이 될 것이다.

원칙과 스타일

몇 년 전 매우 유명한 설교자가 우리 지역을 지나간다기에 우리 교회에 초청한 적이 있었다. 그는 직업적으로 이곳저곳 다니면서 말씀을 전하는 사람이었다. 그는 앞으로 18개월에서 20개월까지 모든 일정이 꽉 차 있었다. 그는 자기가 일 년에 400회 이상 말씀을 전한다고 말했다. 그는 학생 수련회에서부터 성경 강습회와 부흥회까지 못하는 게 없었다. 그는 수많은 것들을 팔았다. 그는 창조적이고, 재미있으며, 또한 본능적으로 사람을 끌어들이는 사람이었다.

그와 함께 부엌에 앉아 이야기를 하다가 커뮤니케이션에 관한 주제가 떠올랐다. 그는 내게 언제 어떻게 준비를 하느냐고 물어보았다. 얼마나 멀리 계획을 짜는지도. 전형적인 설교자의 질문이었다. 나는 그가 어떤 새로운 아이디어들을 받아들일 마음이 일어났다고 생각했고 그래서 기회를 놓치지 않았다. "제가 무언가 도움을 드릴 수 있을 것 같네요." 내가 말했다.

그가 미소를 지으며 말했다. "정말인가요? 그게 뭐죠?"

내가 계속해서 말했다. "제가 보니 당신의 커뮤니케이션에는 당신이 미처 깨닫지 못한 한 가지 틀이 있는 것 같군요. 설교 가운데 성경 부분에 들어가면 활력이 줄어드는 것을 느낍니다. 그건 마치 두 사람의 서로 다른 설교자를 보는 것 같았어요. 처음과 끝 부분에서 당신은 재미있고, 시의 적절하고 또 사람들의 마음을 잘 끌어들여요. 그런데 성경 본문에 접어들면 약간 설교조가 되더군요. 그리고 솔직히 말해서, 전 당신이 주제와 본문을 그다지 잘 연결시키고 있지 않다고 생각해요."

그가 다시 미소를 지으며 말했다. "나도 그걸 알아챘어요." 나는 그가 최근에 전한 메시지 가운데 하나를 꺼내보도록 요청했다. 그는 그걸 꺼내 나와 함께 보았다. 사실, 그는 그 다음 날 다른 도시에 가서 그 말씀을 다시 전할 계획이었다. 대부분의 설교자들처럼, 그도 본문을 접하면 서너 가지의 핵심을 다루어야 한다고 생각했다. 그 설교의 경우는 네 가지였다. 그래서 나는 그에게 그 핵심들을 하나로 줄이라고 제안했다. 그는 대부분의 사람들이 그 순간 지었던 표정으로 나를 바라보았다. 그의 눈이 그것을 말해주고 있었다. 그럼 그 시간은 뭘로 채우라구요? 나는 그건 문제가 되지 않는다고 확신시켜주었다.

그는 웃으며 말했다. "당신이 옳아요. 그건 문제가 되지 않아요." 우리는 30분 정도 시간을 내 그의 설교를 네 개가 아닌 하나의 핵심을 중심으로 재구성했다. 그 일을 마칠 무렵 그의 불안은 감탄으로 바뀌었다. "누군가 진작에 이걸 말해주었으면 얼마나 좋았을까요."

이틀 뒤에 그가 내게 전화를 했다. "정말 훌륭했어요. 본문을 전할 때 더 힘이 솟구치는 것 같았어요. 그 방법이 훨씬 더 쉬웠지요. 심지어 원고도 거의 보지 않은 것 같아요."

내가 말하고자 하는 핵심은 이것이다. 그는 자기 스타일을 바꾸지 않았다. 그는 단순히 하나의 원칙, 곧 하나의 개념이 네 개보다 낫다는 원칙을 채택한 것이다. 그는 자기 자신이 되는 것을 그만둔 것이 아니라 단지 자신의 접근 방법을 조정한 것이다. 그리고 그가 스스로 인정했듯이 조정이 필요했다. 그는 그가 본문을 다루는 방식이 자기 스타일과 충돌한다는 데 동의할 수도 있었다. 그러나 그가 행한 조정은 다른 누군가를 베끼거나 흉내내려는 것이 아니었다. 사실, 그는 많은 설교자들이 흉내내려고 하는 그런 설교자다. 우리와 마찬가지로 그도 그토록 벗어버리고 싶은 커뮤니케이션 스타일을 물려받았다. 그 마지막 흔적은 모두 동일하게 다루고 있는 네 개의 핵심을 가진 개요였다.

또 다른 내 친구 한 명은 그리 유명하지는 않지만 특정한 분야의 전문성 때문에 교회 리더십 분야에서 크게 각광받고 있다. 나는 그가 그 특정한 주제에 관해 했던 모든 강연을 들었다고 생각한다. 그런데 두 가지 나쁜 습관을 발견했다. 그는 장면 전환에 관한 말을 전혀 하지 않았다. 그 결과, 그가 언제 주제를 바꿀지, 혹은 다음 부분으로 넘어갈지는 누구도 알 수 없었다. 사람들은 그저 "아, 저 사람이 뭔가 다른 이야기를 하고 있구나" 하고 느낄 뿐이었다. 그는 자신의 말들을 연결하는 것을 청중의 몫으로 넘겨버린 셈이었다. 대부분의 잘못된 커뮤니케이션 습관과 마찬가지로 그는 자기가 무슨 일을 하는지 자각하지 못했다. 다시 말해 나에게 비평을 요구할 때까지 말이다. 나는 이 신사 양반을 무척 존경하기 때문에 무엇이든 그에 관해 비평하는 것이 곤혹스러웠다. 그러나 그 기분을 이겨냈다.

우리는 그가 작성한 개요 하나를 살펴보았다. 그리고 서로 다른 부분 사이에 줄을 그으며 말했다. "자네는 이 굽은 길을 너무 빠르게 돌아나가려고 해. 좀더 속도를 늦추고 사람들에게 이제 다음 부분으로 넘어갈 것이라고 말해주게나. 그렇게 하지 않으면, 그 사이에 청중들을 놓치고 말걸세." 여기서도 이 일은 스타일과 아무 관련이 없는 것이었다. 나는 그저 하나의 커뮤니케이션 원칙을 지적해주었을 뿐이다. 그것은 바로 굽은 길에서는 속도를 줄이라는 것이다. 말씀을 전하다 장면이 전환되면, 장면 전환을 알리는 몇 마디 말을 해주어 사람들이 당신을 따라오게 만들라.

그가 가진 또 하나의 나쁜 습관은 설교를 갑자기 마치곤 한다는 점이다. 나는 그 문제를 그가 차를 정지시킬 때면 나를 앞 유리에 부딪치게 만들려고 하는 것처럼 느껴진다는 말로 설명해주었다. 그는 말이나 몸짓이나 그 밖의 어떤 신호도 주지 않고 갑자기 이렇게 말하곤 했다. "이제 기도합시다." 그럼 그제서야 사람들은 설교가 끝났다는 것을 알았다. 그러나 그런 방식에는 도입부가 없다. 그는 설교를 마치려고 한다는 신호를 보내지 않은 것이다.

"정지할 때는 천천히 하게." 내가 말했다. "마무리하는 말을 적어두면 무슨 말을 해야 할지 많이 생각하지 않아도 된다네. 그렇게 하면 자네의 속도와 그 순간의 감정에 집중할 수 있지." 내가 제안한 또 다른 것은 마무리 문장을 말한 다음 마무리 기도로 넘어가기 전에 잠시 멈추라는 것이었다.

그는 고마워했다. 그리고 집에 가서 자기 설교를 몇 개 들어본 뒤에 내게 전화를 걸어 이렇게 말했다. "자네 말이 무슨 의미인지 알겠네. 난 내가 준비한 내용을 잘 알고 있다고 생각해서 장면 전환에 대해서는 전혀 생각하지 않았네. 그리고 내가 설교를 마치는 방식에 대해서는 자네 말이 절대로 옳아. 난 너무 성급하게 끝을 냈어." 이런 조정은 그의 커뮤니케이션 스타일에 전혀 영향을 주지 않는 사소한 조정이다. 그는 자기 스타일을 바꿀 필요가 없었다. 다만 몇 가지 것들을 개선하는 것으로 충분했다.

내가 설교자들과 가진 대화 가운데 가장 힘들었던 것은 자기에게 주어진 시간을 한 번도 지키지 못한 사람과의 대화였다. 그건 내가 아버지와 함께 사역하던 시기에 있었던 일이다. 그 분이 가장 최근에 우리에게 설교를 했을 때 우리에게는 분명한 시간 제한이 있었고, 주차장 사정으로 인해 한치의 오차도 생겨서는 안 되는 상황이었다. 그는 알았다고 말하고는 두 번 모두 제한 시간을 20분이나 넘겨버렸다.

　물론, 마음 한구석에서는 그를 두 번 다시 초대하지 않고 그것으로 끝을 보자는 유혹이 들었다. 그러나 나는 우리가 왜 그를 두 번 다시 초대하지 않는지 이유를 그가 반드시 알아야 한다는 생각이 들었다. 그래서 나는 그와 함께 점심을 같이했다. 내 나이는 35세였고, 그는 50줄에 들어서 있었다. 나는 학생 사역자였고, 그 분은 전국을 돌아다니며 설교하는 분이었다. 그 분은 유명 인사였고, 나는 주말이면 아이들을 데리고 놀이공원에 다니는 처지였다. 점심을 반 정도 먹은 다음 나는 그에게 그를 두 번 다시 초대하지 않기로 했다는 사실과 그 이유를 말했다. 그는 충격을 받았다. 나는 그에게 혹시 사람들이 시간 제한을 무시하고 일정표를 엉망으로 만드는 것으로 그가 명성이 났다는 사실을 한 번도 이야기해준 적이 없느냐고 물었다. 역시 아무도 그에게 그런 사실을 말해주지 않았다. 그의 변명은 이랬다. "나는 설교할 때 성령님의 인도하심을 받는다고 믿고 있어요. 그래서 나는 그저 그 인도하심만을 따를 뿐입니다."

　나는 겸손하게 그 말을 인정할 수 없다고 말했다. 그리고 나는 성령님은 주일학교, 학생회, 주차장 등 주일 아침에 일어나는 모든 일에 역사하고 계시다고 믿는다는 것을 설명했다. 더 나아가 나는 성령님이 우리의 주일 예배를 어떻게 진행할 것인가에 대한 우리의 계획 가운데 역사하신다고 믿었으며, 그 분은 사실상 성령님을 거스른 것이라고 생각했다.

　그 점에 대해 그 분은 약간 수세에 몰렸다. 나 역시 그랬을 것이다.

　그 주제를 놓고 이야기하는 가운데 나는 그 분이 설교의 길이를 줄일 수 있다면 훨씬 더 효과적이 될 것이라고 생각한다는 말을 전해주었다. 그가 결론 부분에 도달할 때면 모든 사람은 시간이 얼마나 되었는지, 아이들은 잘 있는지, 아니면 점심은 어떻게 먹을지에 대해서 생각하게 된다. 그는 계속해서 자신의 핵심을 내비칠 최적화된 창을 놓치고 있었다. 우리는 그가 너무 길게 끄는 바람에 두 차례나 마무리 찬양을 생략해야 했다. 나는 그에게 그 사실을 말하고 그 순간을 위해 여러 시간을 들여 준비한 사람의 기분이 어떻겠는지 물어보았다.

내 이야기가 끝나자 그는 미안하다는 사과의 글을 쓰려고 했다. 나는 그런 것은 필요없다고 말했다. 나는 모두가 그 사람으로 인해 실망했기 때문에 그런 편지를 받으려 할지 모르겠다는 말은 하지 않았다. 그리고 최근에 들은 바로는, 그 분은 여전히 시계를 무시했다. 그건 그 사람의 스타일이며 바람직하지 않은 것이다.

스타일을 지키기 위해 커뮤니케이션의 원칙을 저버리지 말라. 만일 성공적인 설교자가 되고 싶다면 커뮤니케이션 원칙이 자신의 커뮤니케이션 스타일을 결정하게 해야 한다. 결국에는 원칙이 스타일을 이기기 마련이다. 예를 들어 1984년에 내가 신학교에 다니고 있을 때 히브리어 교수님이 채플 시간에 말씀을 전해달라는 부탁을 받았다. 그 분은 그 학교에 온 지 얼마 안 된 분이었다. 그는 젊었고, 의기양양했으며, 사람들과 어울리지 못했고, 당신이 충분히 상상하겠지만 개인적으로 친한 사람이 없었다. 그는 그 일을 부탁받기 겨우 몇 년 전에 학교에 오셨다. 나는 그 분이 채플을 인도한다는 말을 들으면 대부분 가지 않았다.

신학교에서 보낸 4년 가운데 내가 유일하게 기억하는 것은 그 분의 메시지였다. 그러나 그것은 그 분의 스타일이나 프리젠테이션과 관련된 것이 아니었다. 두 가지 모두 전혀 상관없었다. 그 분은 무미건조하게 그냥 원고를 읽으면서 누구하고도 눈을 마주치려 하지 않았다. 그 분은 메시지를 전하는 동안 내내 강대상 뒤에만 서 계셨다. 그리고 무엇보다도 그 분은 구약을 본문으로 택했고 히브리어 원문으로 읽어내려가셨는데, 우리는 모두 그걸 해석해서 읽었다. 그러나 그 분이 가진 그런 모든 약점에도 불구하고 나는 그 분의 메시지를 지금까지도 기억하고 있다. 왜냐하면 그건 그 분이 오직 한 가지 핵심만을 전하셨기 때문이다. 그리고 그걸 너무도 분명하게 전하셨다. 예화도 들지 않으셨고, 영상 자료도 전혀 사용하지 않으셨다. 누구도 그 분을 따라나서지 않았고, 설교의 핵심을 강조하기 위해 찬양을 부르지도 않으셨다. 그 분은 처음부터 무슨 말을 하려고 하는지 말씀하셨고, 원고를 읽어나가는 가운데 그 말을 대여섯 차례는 반복해서 말씀하셨다. 그리고 당신도 짐작하겠지만, 결론에서도 다시 반복하셨다. 그 분의 핵심인 '하나님은 불순종하는 사람을 징계하신다'는 열왕기상 13장을 본문으로 하는 것으로, 성경 이야기 중 가장 특이한 내용 가운데 하나다. 그리고 내가 들어본 설교 가운데 가장 잊지 못할 설교이기도 하다.

그 교수님은 스타일에서 부족한 것을 명확성으로 모두 보충하셨다. 그 분은 하나의 핵심을 전하려 하셨고, 성공하셨다. 우리에게는 십여 명의 채플 담당 설교자들이 있었다. 그러나 어쩌면 캠퍼스 안에서 가장 인기 없었을 그 분이 결코 잊혀지지 않을 핵심을 전하셨던 것이다. 이 이야기의 교훈은 명확성은 스타일을 뛰어넘는다는 것이다. 실제로 명확성은 거의 모든 것을 뛰어넘는다.

맞서라

"그건 내 스타일이 아니야"란 말로 잘못된 커뮤니케이션 습관을 변호하지 말라. 정직하라. 많은 설교자에게 '스타일'이란 곧 좋지 못한 습관의 덩어리다. 그들은 심지어 자신에게 그런 습관이 있는지조차도 모른다. 그러나 그 습관은 설교자로서 그들의 현재 모습을 형성시켰고 그들의 명성을 만들었다. 명확성이 부족한 것을 변명하기 위해 스타일 뒤에 숨지 말라. 청중들과 호흡을 같이하지 못하는 것을 변명하기 위해 스타일을 내세우지 말라.

이렇게 한번 생각해보라. 내가 당신을 만나 "만일 설교할 때 다음 네 가지 일을 하기 시작하면 한 달 안에 교인 수가 배로 늘어날 겁니다. 그뿐 아니라 개인적인 수입도 배가 될 것입니다"라고 말하면 어떻게 하겠는가? 내 말대로 한번 해보겠는가? 아니면 그 목록을 보고 이렇게 말하겠는가? "글쎄요, 잘 모르겠네요. 그렇게 마음에 들지는 않는군요. 그건 내 스타일이 아니네요."

분명히 나는 이 책 안에 있는 어떤 것을 적용했을 때 특정한 결과가 있을 것이라고 보장하지 못한다(설령 그럴 수 있다 해도 그렇게 하지 않을 것이다). 그건 내가 전하고자 하는 핵심이 아니다. 내 핵심은 당신이 "그건 내 스타일이 아니야"라는 변명 뒤에 숨는 것을 그만두고 더 좋은 설교자가 되기 위해 노력하도록 동기를 부여해줄 만한 무엇이 존재한다는 것이다. 그것은 당신의 청중들의 수나 돈이 아닐 수도 있다. 그러나 당신으로 하여금 새로운 어떤 것들을 시도하고 새로운 위험을 무릅쓰도록 밀어부칠 무언가가 있는 것이다.

만일 당신에게 16살 먹은 아들이 있어서 최근에 마지막으로 교회에 갔다온 뒤로 발길을 뚝 끊고 이후로 세상 밖에서 방황하고 있다고 가정해보자. 그리고 그러던 어느 날 밤 한 천사가 나타나 "내가 당신에게 말한 그대로 행하면 당신 아들의 마음을 잡을 수 있다. 지금 당장 다락방으로 올라가 그 아이가 어렸을 때 갖고 놀던 레고 박스를 찾아라. 그리고 주일에 이 한 가지 핵심으로 설교하라. '그리스도는 단절된 자와 다리를 놓아주시기 위해 오셨다.' 그리고 설교하는 시간 동안 그 아이의 레고를 사용하여 다리를 하나 만들어야 한다." 나도 이게 말도 안 되는 이야기라는 것을 안다. 그러나 나는 또한 이 책을 읽는 누군가는 레고를 찾아내서 다음 주일에 다리를 만들 것임을 안다.

만일 그런 일이 당신에게 실제로 일어난다면 나는 당신이 "하지만 난 영상 자료를 이용하는 일에 서툰데요"라는 말로 응답하지 않을 것이라 확신한다. 그리고 이렇게 말하지도 않을 것이다. "저희 교회에서는 그렇게 할 수 없어요. 강대상을 옮겨야 하거든요." 만일 당신이 주일 아침에 그동안 머물던 안전지대에서 벗어나는 것으로 십대 아들의 마음을 얻을 수 있다고 실제로 믿는다면 그렇게 할 것이다. 그렇지 않다면 당신은 다른 책을 읽어야 할 것이다.

이제 이 사실만은 절대 놓치지 말라. 다음 주일에 누군가의 집을 떠난 아들, 혹은 딸이 마지막으로 하나님께 무언가를 드리기 위해 예배당 뒤편에 살짝 들어올 수도 있을 것이다. 그리고 당신이 사는 마을 어딘가에서 어머니나 아버지 한 명이 자기 자식의 마음에 무언가 중대한 일이 일어나기를 간절히 바라는 마음으로 정신 나간 사람처럼 기도하는 일이 생길 수도 있다. 나는 당신이 당신의 아들이나 딸의 마음을 얻을 수 있다면 무언가 새로운, 혹은 어떤 특이한 것이라도 기꺼이 할 것임을 알고 있다. 그럼 다른 사람의 마음을 얻으려면 무엇을 기꺼이 하겠는가?

우리는 지난 4년 동안 50대와 60대 성인들이 대거 교회로 몰려드는 일을 경험했다. 당신은 그 사람들이 왜 교회를 찾아왔는지 아는가? 왜냐하면 우리가 그들의 어린 자녀들의 마음을 얻었기 때문이다. 우리의 '스타일'이 반드시 그들의 '스타일'일 수는 없다. 그러나 그들은 자기 자녀와 함께 교회에 가기 위하여 기꺼이 조정을 했다. 그들은 자녀들이 교회에 그렇게 쑥 빠지리라고 확신하지 못했었다. 그들은 자기 자녀들과 함께 예배드리기 위해 자신의 스타일을 조정했다. 우리는 그들의 자녀를 얻기 위해 우리의 스타일을 조정해야 하지 않겠는가? 따분하고, 애매하고, 복잡하고, 산만하고, 메마른 것들은 모두 일종의 커뮤니케이션 스타일이다. 그러나 그것은 지킬 만한 가치가 있는 스타일이 아니다. 그것은 반드시 버려야 하는 스타일일 뿐이다.

목표와 스타일

나는 11장에서 당신에게 설교자로서 자신의 목표가 무엇인지 정하고, 그런 다음 그 목표를 뒷받침해주는 접근 방법을 택하라고 도전했다. 이제 나는 또다시 당신에게 당신의 목표를 뒷받침해주는 스타일을 개발할 것을 도전한다. 만일 당신의 목표가 삶을 변화시키는 것이라면, 그 목표를 달성하는 데 도움이 되는 스타일을 개발해야 한다. 당신도 어쩌면 알겠지만, 많은 교회의 입구에는 그 교회 안에서 실제로 일어나는 일과 전혀 어울리지 않는 교회의 목표가 걸려 있기로 유명하다. 비슷한 경우로, 나는 자신이 설교하는 목표가 삶을 변화시키는 것이라고 선언하면서도 그 커뮤니케이션 스타일은 자신의 목표를 뒷받침해주지 못하고 있는 많은 설교자와 교사들을 알고 있다. 만일 당신이 자신의 목표를 달성하는 데 필요한 조정을 기꺼이 하려 하지 않는다면 한 가지 분명한 사실이 있다. 당신의 목표는 변화된 삶이 아닌 다른 어떤 것이다. 당신의 목표는 그저 항상 해왔던 일, 하기에 편한 일을 계속하는 것이다.

　　지난 10년 동안 미국의 복음주의 진영에서 청중들의 이목을 사로잡았던 설교들에 대해 한번 생각해보라. 그들은 롭 벨^{Rob Bell}, 토니 에반스^{Tony Evans}, 루이 기글리오^{Louie Giglio}, 빌 하이벨스^{Bill Hybels}, 베스 무어^{Beth Moore}, 릭 워렌^{Rick Warren} 그리고 에드 영^{Ed Young} 등이다. 그들에게는 여러 가지 공통점이 있다. 그러나 그들은 자기만의 독특한 커뮤니케이션 스타일을 갖고 강단 위에 오른다. 그들은 모두 사람들을 끌어들인다. 그러나 그들이 모두 재미있는 것은 아니다. 그들 모두 청중들을 적용의 단계까지 인도한다. 그러나 그들 모두 같은 길로 그곳에 가는 것은 아니다. 그들은 모두 성경에 전념한다. 그러나 그들이 성경에 접근하는 방식은 모두 다르다. 어떤 이는 열정적인가 하면 다른 이는 사람들과 어울리기를 좋아한다. 에드, 루이, 롭 등은 영상 자료를 자주 사용하지만, 다른 이들은 그렇지 않다. 빌은 설교 원고를 사용한다. 릭은 빈칸 채우기를 즐겨한다. 루이는 도착해서 청중들을 보기 전까지 자신이 정확하게 어디로 가야 할지 모르는 상황에 편안함을 느낀다.

세상에 한 가지의 올바른 스타일만 있는 것은 아니다. 그러나 그 사람들의 현재 모습을 이끌어낸 원칙들은 존재한다. 그들 모두 조금씩 다른 접근법을 갖고 있지만 모두 삶을 변화시키기 위하여 커뮤니케이션을 한다. 그들은 모두 자신만의 개성과 잘 어울리는 스타일을 채택했다. 그러나 그들은 모두 다양한 청중들과 잘 연결된다.

두 가지 결정

당신은 효과적인 스타일을 개발하기 위해 노력하는 가운데 자신에게 다음 두 가지 질문을 끊임없이 제기해야 한다.

1. 무엇이 효과를 발휘하는가?
2. 무엇이 내게 맞는가?

첫 번째 질문은 당신으로 하여금 커뮤니케이션의 새로운 원칙과 방법에 주목하게 한다. 그래서 당신으로 하여금 왜 어떤 설교자는 사람들을 끌어당기고 어떤 이들은 그렇지 않은지 고민하게 한다. 그리고 당신이 새로운 아이디어를 열린 마음으로 받아들이게 한다. 또한 당신이 커뮤니케이션이라는 분야에서 평생 배우는 사람이 되도록 동기를 부여한다. 바라건대 이 책이 당신에게 효과를 발휘하는 것들을 조금이나마 깨닫게 해주기를 원한다.

두 번째 질문은 당신으로 하여금 계속해서 자신의 전달 방식을 평가하고 개선해나가도록 동기를 부여할 것이다. 그래서 자신의 메시지에 귀를 기울이고 또한 지켜보게 만들 것이다. 하워드 헨드릭스 Howard Hendricks 는 이렇게 말했다. "경험이 당신을 더 향상시켜주지 않는다. 오직 평가된 경험만 당신을 향상시킨다." 나는 신학교에 다니는 동안 교회에서 일곱 명의 대학생을 가르쳤다. 나는 내가 가르친 모든 내용을 녹음했고, 주일 저녁에 운전하고 다니면서 들어보았다. 나는 아직도 내 설교 내용을 CD에 담아 들어본다. 어떤 경우에는 세 번의 예배로부터 내 설교를 듣기도 한다. 나는 어렸을 때 아버지와 함께 앉아 아버지의 설교 모습이 담긴 비디오를 시청하던 일을 아직도 기억한다.

그리 오래 되지 않았지만 설교하면서 대여섯 마디를 하고 나면 꼭 잠시 말을 멈추던 설교자의 설교를 들은 일이 있다. 그는 계속해서 말을 멈추었다. 그 시간은 겨우 1-2초가 될까말까 할 정도였다. 그러나 그것은 그의 설교 내내 계속되었다. 나는 그가 무엇을 하는지 알았다. 그는 생각을 하고 있었다. 그 행동은 엄청나게 산만한 것이었다. 그 행동은 불안정한 감정을 전달했다. 그리고 당연한 일이지만 우리는 누구나 불안한 마음을 갖고 있다. 그러나 당신이 결코 하지 말아야 하는 일이 있다면 그것은 단 위에 올라서서 말씀을 전할 때마다 그 불안을 전달하는 일이다. 나는 그의 설교를 들으며 두 가지를 생각했다. 하나는 그가 자신의 설교 모습을 비디오를 통해 한 번도 본 적이 없을 거라는 것이었다. 그리고 두 번째는, 이런 행동은 그가 이 사실을 알게 되면 쉽게 바로잡을 수 있는 거라는 생각이었다.

당신은 교인들이 인사 치레로 하는 설교에 대한 평만 듣고서는 무엇이 효과를 발휘하고 무엇이 그렇지 않은지 결코 알지 못할 것이다. 그리고 당신의 배우자 역시 그렇게 큰 도움이 되지 않을 것이다. 만일 당신이 더 나아지고 싶다면, 자신의 설교를 직접 들어보고 건설적인 비판을 요청해야 한다. 그 어느 것도 그렇게 즐거운 일만은 아니다. 나도 내 것보다는 당신의 설교 CD를 들으려 할 것이다.

무엇이 효과를 발휘하는지 찾아보라. 무엇이 당신과 맞는지 찾아보라. 이것이야말로 당신이 가르침과 선포의 영역에서 하나님이 당신을 향해 계획하신 그런 선물이 될 수 있는 유일한 방법이다.

자기만의 목소리를 찾으라.

체 . 크 . 포 . 인 . 트

- '자기 자신이 되라'는 말이 잘못된 커뮤니케이션 습관에 대한 변명이 되어서는 안 된다.
- 당신 자신이 되라. 그러나 당신이 될 수 있는 가장 훌륭한 설교자가 되라.
- 끊임없이 자신에게 물어보라. '무엇이 효과를 발휘하는가? 무엇이 내게 맞는가?'

17장

새롭게 시작하라

:: 다음 단계는 무엇인가?

토요일 오후다. 나는 방금 컴퓨터에서 'Pause #1/forty-one Days'란 제목의 문서 파일을 더블 클릭했다. 나는 내일 아침 4부로 된 연속 설교를 시작할 예정이다. 나는 한 달 동안 그 설교를 준비해왔다. 실제로, 처음 세 개의 메시지는 준비를 마쳤다. 그리고 방금 전, 내일 설교를 위한 개요를 훑어보기 전까지 기분이 무척 좋았다. 그 개요는 석 주 전에 준비를 마치고는 여태껏 한 번도 본 적이 없었다. 그러나 준비를 마쳤다는 것은 내 생각에 지나지 않았다. 왜냐하면 다시 보니 너무 조잡했기 때문이다. 너무 질질 끌고, 개념이 너무 많았다. 핵심은 하나만 잡았지만 그것은 그리 가슴에 와닿지 않았다. 그 설교를 하나로 엮어줄 한 가지가 없었다. 대신에 생각을 분산시키는 것들이 너무 많았다. 나는 무언가 해야 했지만, 솔직히 어디서부터 시작해야 할지 몰랐다.

다행히 내게는 내가 현재 있는 곳에서 가야만 하는 곳으로 데려다주도록 도움을 받을 수 있는 계획이 있었다. 그것이 언제나 적용된 것은 아니었다. 그러나 나는 몇 년 전에 설교 준비를 자주 망치는 혼동과 복잡함에서 벗어나기 위해 필요한 활력을 얻는 데 도움이 되는 두 가지를 발견했다. 그리고 그 개요를 세 번 읽은 뒤에 그런 활력이 필요하다는 사실이 분명해졌다. 그 메시지는 정말 한 걸음도 앞으로 나아가지 못했다.

두 시간 하고도 20분 뒤에 나는 조금 나아졌다는 생각이 들었다. 내일은 아파서 설교를 못하겠다는 말을 겨우 하지 않을 수 있게 된 것이다. 사실, 나는 이 일을 하며 꽤 흥분이 되었다. 하나의 핵심을 잡고 그것을 중심으로 모든 내용을 구성할 때면 항상 그랬다. 그러나 어떤 때는 꽉 막힐 때도 있었다. 그리고 그런 식의 정체는 우리 같은 사람들에게 절대 마주치고 싶지 않은 공포의 대상이다. 특히 토요일 오후에는 말이다.

대결

우리는 모두 막힐 때가 있다. 사실, 내게는 그런 일이 자주 있는 편이다. 내가 말하는 막힘은 준비에 푹 빠지다보면 계속해서 많은 정보들을 추가하고 있지만 어디로 가야 할지 모르는 경우를 말한다. 나는 여러 페이지의 원고를 작성했지만 하나의 큰 개념을 찾지 못했을 때 내가 막혔다는 것을 안다. 나는 내가 스스로 기록한 혹은 발견한 것들이 나를 감동시키지 못할 때 내가 막혔다는 것을 안다. 나는 스스로 큰 개념이라고 생각한 것이 갑자기 서너 가지의 상관없는 방향으로 나뉠 때 내가 막혔다는 것을 안다.

매주 커뮤니케이션을 하는 우리 같은 사람들에게 그렇게 막히는 것은 끔찍한 일일 수 있다. 주일은 우리가 중요한 할 말을 갖고 있든 갖고 있지 않든 매주 찾아온다. 사람들은 자신이 전에 들어본 적이 없는 무언가를 들을 것을 기대하면서 찾아온다. 그들 가운데 일부는 친구를 데려오기까지 한다. 그래서 우리에게는 오랫동안 막혀 있을 여유가 없다.

그렇다면 당신은 이렇게 막혔을 때 어떻게 하는가?

막혔을 때 내가 가장 먼저 하는 일은 기도다. 그러나 그 기도는 '주님 도 와주세요. 주일이 다가오고 있습니다' 식의 급한 기도가 아니다. 나는 설교 준 비가 막히면 책상에서 일어나 벽장을 향해 간다. 만일 사무실에 있으면 집 밖 에 있을 때의 벽장이라고 생각하는 구석 자리로 간다. 그곳에서 무릎을 꿇고 하나님께 이 일은 내 생각이 아니라 하나님의 것이라고 아뢴다. 그분이 나를 헌신하게 만드셨다. 나는 사람들 앞에서 그분의 말씀을 열기 위해 내가 가진 모든 기회들이 그분에게서 온 것이며, 내가 말한 모든 유익한 것들 역시 그분 에게서 온 것임을 고백한다.

이 모든 내용은 하나님께 전혀 새로운 사실이 아니다. 나는 이 사실을 그 분께 몇 년 동안 아뢰오고 있다.

그런 다음 하나님께 혹시 내가 우리 교인들에게 전하기 원해서서 나에게 준비하기를 원하시는 것이 있으면 보여달라고 요청한다. 나는 내가 고른 개념, 내가 만든 개요 그리고 내가 정한 주제를 포기한다. 그리고 하나님이 내 마음 을 잠잠하게 만드실 때까지 그 조용한 곳에 머문다. 그 시간은 보통 몇 분 정도 가 될 수도 있고, 더 길어질 수도 있다. 어떤 때는 아무런 변화 없이 불안한 마음만 가라앉을 때도 있었다. 어떤 경우에는 나의 삶 가운데 해결해야 하는 어떤 것들이 겉으로 드러나기도 한다. 그 일은 항상 나를 당혹스럽게 만든다. 그래서 마치 시기가 맞지 않는 것처럼 보이기도 한다. 그러나 그런 압력이 밀려올 때 나는 온전히 하나님만 바라보게 된다. 많은 경우 나는 기도할 때 내 메시지를 명확하게 해주는 갑작스러운 생각이나 개념을 얻게 된다.

나는 하나님이 내 삶 가운데 왜 이런 방식으로 역사하기로 선택하셨는지 알지 못한다. 그러나 나는 그 결과가 무엇인지 분명히 알고 있다. 나는 삶을 변화시키는 것은 내가 받은 교육, 내가 얻은 깨달음, 혹은 연구 습관이 아님을 하나님께 항상 고백한다. 나(ME)-우리(WE)-하나님(GOD)-당신(YOU)-우리(WE)는 유용한 것이지만 그것 자체만으로는 변화를 가져올 수 없다. 결국 사람들이 변화할 수 있도록 능력을 부어주시는 분은 하나님이시다. 마음의 문을 열어주시는 분은 성령님이시다. 사람들에게 사랑하고 용서할 수 있도록 용기를 심어주시는 분은 우리 구세주다. 나는 당신과 마찬가지로 단순히 그분의 말씀을 전하는 통로일 뿐이다. 설교 준비가 막히는 것은 나로 하여금 이 사실을 항상 의식하게 하는 하나님의 방법이다.

만일 그 자리에서 멈추고 기도하지 않는다면, 설교 준비를 마치라는 압력은 무언가 새롭고 명료한 것을 청중들에게 전하려는 내 열정을 무산시켜버릴 것이다. 기도하라는 자극을 무시하면 듣는 사람들이 쉽게 따라갈 수 있는 길을 만들기는커녕 전달할 너무 많은 내용에 빠져 허덕이게 된다. 그러면 당신은 이런 생각을 할지도 모르겠다. "이봐요, 당신은 연구하기 전에 기도하지 않나요?

기도가 마지막 수단이란 말인가요?" 아니다. 나는 설교 준비를 하기 전에도, 하는 가운데도 그리고 마친 뒤에도 기도한다. 다만 설교 준비가 막혔을 때 어떻게 하는지 말했을 뿐이다.

목록

골방에서 평화를 얻고 나왔지만 아직 새로운 생각은 얻지 못했을 경우 나는 난관을 벗어나기 위한 전략의 두 번째 단계로 넘어간다. 그건 다른 사역자에게 전화를 해서 그로 하여금 설교를 하게 하는 것이다.

설마 실제로 그럴 리는 없다.

만일 여전히 설교 준비가 막혀 있으면 나는 다시 기본으로 돌아간다. 신뢰할 만한 질문의 목록을 꺼내들고 다시 시작하는 것이다. 다시 시작한다는 말은 그 시점까지 행한 모든 것을 쓰레기통에 버린다는 의미는 아니다. 그러나 컴퓨터 화면에 떠오른 단어의 바다에 새로운 질서를 부여하려고 애쓰기보다는 다섯 가지 질문에 대답하는 일에 관심의 초점을 맞춘다. 이 질문들은 많은 개념들을 정리하게 해주며, 하나의 개념에 닻을 내려 그것을 중심으로 나의 메시지를 구성할 수 있게 도와준다. 이 다섯 가지 질문에 대해 간단 명료한 해답을 얻는다면 그 내용을 구성하는 일은 성공한 것과 다를 바 없다.

1. 청중들은 무엇을 알아야 하는가?

이 질문은 앞서 12장에서 논의했다. 내가 하나의 중심 개념을 중심으로 메시지를 구성하는 일에 전념한다 해도 준비하는 과정에서 방향을 잃고 떠밀려가기란 여전히 쉬운 일이다. 그래서 나는 멈추고, 책상에서 벗어나, 생각을 한다. 본문에서 발견한 것과 그 가운데 얻은 깨달음에 비추어볼 때, 청중이 반드시 알아야 하는 단 한 가지는 무엇인가? 그리고 그런 순간에 가끔씩 자리에서 일어나 주차장 주변을 돌아다니기도 한다.

이 질문에 대답하기 위해 집중하는 일은 아마도 당신의 컴퓨터 화면에 보이는 것 대부분이 당신의 메시지 안에 포함되지 않을 것임을 의미하게 될 것이다. 이것 역시 끔찍한 일이 될 수 있고, 당신을 낙심하게 만들 수도 있다. 그래서 마치 많은 시간을 허비했다는 느낌이 들 수도 있다. 그러나 그렇지 않다. 우리에게는 항상 다음 주가 있다. 더구나 그 한 가지를 찾기 위해서는 다른 것들을 많이 파고들어가야 한다. 그것은 과정의 일부다. 정말 중요한 문제는 당신이 자신의 핵심에만 전력을 기울이고 설교 안에 억지로 모든 것을 담으려고 애쓰지 않는 훈련을 하는가다.

그렇게 되면 물론 어떻게 시간을 채울 수 있을까 하는 걱정이 들게 마련이다. 걱정하지 마라. 우리는 이제 겨우 첫 번째 질문을 다루었을 뿐이다. 그리고 당신이 대부분의 설교자들과 비슷하다면 당신에게 주어진 시간을 채우는 것은 아마도 중요한 문제가 아닐 것이다. 만일 시간을 어떻게 채울까 걱정하는 일은 줄이고, 하나의 명확하고 마음을 사로잡는 개념을 중심으로 설교를 구성해가는 일에 전념하면 두 가지 문제를 모두 해결할 수 있을 것이다. 그렇게 되면 시간을 채울 수 있을 뿐 아니라, 더 나아가 그 시간 내내 청중들의 마음을 사로잡을 수 있을 것이다.

정직해지라. 반드시 전달해야 하는 그 한 가지는 무엇인가?

2. 왜 청중들이 그것을 알아야 하는가?

자신의 청중들을 위해 이 문제를 제기하고 그에 대한 해답을 구하는 설교자는 매우 드물다. 그리고 그건 너무 유감스러운 일이다. 왜냐하면 당신이 이 질문에 대한 답을 구하면 청중들에게 당신의 설교에 귀를 기울일 만한 이유를 제시할 수 있기 때문이다. 만일 이 질문에 대한 답을 제시하지 못하면 당신은 그 자리에 관심을 두지 않는 것과 같은 것이다.

많은 기독교 단체는 만일 성경이 말씀하고 있으면 그것으로 충분하다는 전제를 갖고 있다. 우리에게 필요한 것은 왜가 아니라 무엇이라는 생각이다. 그리고 그 전제는 일부 그리스도인에게 효력을 미친다. 그러나 나머지 사람들에게는 별 효력이 없으며, 성경의 권위를 인정하지 않는 사람들에게는 아무 의미도 없다.

그 질문을 다르게 말하면 이런 것이다.

• 당신이 전하고자 하는 진리 혹은 원칙을 발견하지 못하는 사람에게 어떤 일이 일어나겠는가?
• 그들이 당면한 일은 무엇인가?

나는 '무엇' 이면에 놓인 '왜'를 발견할 때 내가 전하고자 하는 주제에 열정을 갖기 시작한다. 이 질문에 대한 답을 얻게 되면 내가 전하는 메시지가 실제로 얼마나 중요한가를 깨닫게 된다. 부담감은 바로 여기서부터 온다. 무엇보다 우리에게 당면한 일은 한두 가지가 아니다.

당신이 가장 최근에 전한 메시지를 생각해보라. 그 메시지는 왜 중요한가? 왜 누구나 당신의 말을 진지하게 여겨야 하는가? 왜 당신의 청중들은 당신이 그들에게 말하는 메시지를 알아야 하는가? 당신은 설교 가운데 당신이 말하는 것이 왜 중요한가를 어느 시점에서든 그들에게 말해주었는가?

나는 내가 전하는 거의 모든 메시지 가운데 "이것이 중요한 이유는 바로 다음과 같습니다…"라고 말하려 한다. 그리고 종종 이렇게 풀어 말할 것이다. "만일 여러분이 십대라면, 이 아침 여러분이 반드시 귀를 기울여야 하는 이유가 있습니다. 만일 여러분이 기혼자라면 이 원칙은 여러분의 결혼 생활에 커다란 의미로 다가올 것입니다. 만일 여러분의 인간 관계에 어려움이 있다면 여러분이 지금 이 자리에 있는 것이 얼마나 다행인지 모릅니다. 이 진리는 모든 것을 변화시킬 수 있습니다."

나는 보통 서론 부분의 끝자락에서 그 이유를 설명한다. 이제 사람들은 설교가 어디로 가고 있는지 알게 되었기 때문에 왜 내가 그들을 그곳으로 데려가는지 알아야 하는 것이다. 어떤 이에게는 그 내용이 성경 가운데 있다는 사실 자체만으로도 충분하지만, 대부분의 사람에게는 그것만으로는 충분하지 못하다. 왜라는 이유를 대답하는 일은 청중들에게 메시지의 다음 부분을 따라갈 수 있도록 동기를 부여해준다. 만일 청중들이 당신이 말하고자 하는 것을 왜 알아야 하는지 분명히 알지 못한다면, 그들은 당신이 전하는 말이 자신과 상관없다고 여길 것이다.

나는 일단 왜 사람들이 내가 그들에게 전하려는 것을 알아야 하는지 그 이유를 발견하면 세 번째 질문으로 넘어간다.

3. 청중들은 무엇을 해야 하는가?

이 질문은 놀라운 것이 아니다. 그리고 이 질문은 내가 독창적으로 만들어낸 것이 아니다. 그러나 나는 이 질문을 진지하게 받아들이는 설교자가 너무 적다는 사실에 충격을 받았다. 당신이 전하는 모든 메시지는 최소한 한 가지의 적용 거리를 갖고 있다. 그것이 무엇인지 찾아보라. 그리고 말해보라.

당신은 당신이 설교한 것에 대한 반응으로 사람들이 무엇을 행하기 원하는가?

이 점과 관련해 내가 제안하는 두 가지는 다음과 같다. 구체적이면서도 창조적으로 제시하라. 청중들이 해야 할 것들을 매우 구체적으로 제시하라. 너무나 구체적이어서 그들이 그것을 행했는지 하지 않았는지를 즉시 알 수 있을 그런 것으로 말이다. 만일 그것이 생활 태도와 관련된 것이라면 얼마나 오랫동안 행해야 하는지도 제시하라.

예를 들어, 만일 당신의 메시지가 개인 기도의 중요성에 초점이 맞추어져 있다면 "그러니 기도하세요!"라고 말하고 마치는 것으로는 충분하지 않다. 그것도 당신이 청중들이 하기를 원하는 것이지만 충분할 정도로 구체적이지 못하다. 또한 나는 당신이 자리에서 일어나 청중들에게 이제부터 남은 삶 동안 하루도 빼놓지 않고 매일 기도하도록 다짐을 받으라는 제안도 하지 않는다. 그건 구체적이기는 하지만 현실적이지 못하다.

나는 청중들에게 구체적인 어떤 것을 행하라고 요청할 때 보통 일정한 기간 동안 무엇을 하라고 요청한다. 주기도문에 대한 연속 설교를 하면서 나는 우리 교인들에게 기도로 다음 한 주간을 시작하라고 요청했다. 딱 일주일이었다. 그 정도면 누구나 할 수 있는 일이다. 그리고 어쩌면 그 일주일을 시작으로 습관이 될 수도 있는 것이다.

구체적으로 제시하는 것에 더하여 창조적으로 제시하라. 예를 들어, 회중들에게 지출 내역을 꾸준히 점검하도록 도전하면서 회계장부를 한 권씩 주고 앞으로 한 달 동안 소비 내역을 기록해보라고 요청한다. 회계장부를 주는 것은 독창적인 일이며, 시간 제한을 둔 것은 구체적인 일이다. 그들은 내가 하라고 요청한 일을 했을 때 즉시 알게 될 것이다. 때로는 하나의 적용이 연속적으로 이어질 수도 있다. 그런 경우 그들에게 하라고 제안한 일의 가치를 깨닫게 하기 위해 몇 주가 걸리기도 한다.

일단 적용을 구체적인 어떤 것으로 좁힌다면 이제 네 번째 질문을 제기할 때가 된 것이다.

4. 왜 청중들은 그것을 해야 하는가?

사람들에게 왜에 대한 이유를 대답해주는 것은 그들에게 계속 귀를 기울이라는 깨달음을 준 것이다. 이제 그들에게 어떻게 행동할 것인지에 대한 깨달음을 주어야 할 차례다. 왜 그들이 당신이 제시한 것을 따라 행해야 하는가?

"그건 당연한 거 아닌가?"라고 이의를 제기할지 모르겠다. 그리고 당신 말이 맞다. 그건 당연한 것이다. 그러나 계속해서 그들이 행함으로 연결시키지 않는다면 정확히 무엇이 문제가 될지 생각해보라. 그리고 그 목록을 만들라. 그런 다음 개요에 포함시키라. 그리고 그들에게 말하라. 먼저 무엇을 해야 하는지 설명한 다음 왜 그런지 말해주라. 이 시점에서 왜 그런지 이유에 대답하는 것은 메시지 가운데 우리(WE) 부분으로 부드럽게 이어지도록 도와주는 완벽한 연결 고리가 된다.

"만일 우리 모두가 내일부터 평소에 우리를 섬기던 사람들을 섬기기로 새로운 다짐을 하고 실천한다면 어떤 일들이 일어날지 상상해보시기 바랍니다."
"만일 모든 사람이 다른 사람들이 자신에게 지고 있는 인간 관계의 빚이 어떤 것인지 하나하나 기록한 다음 그 빚에 대한 권리를 포기한다면 우리 가정들에 어떤 일이 일어날지 상생해보시기 바랍니다."
"만일 우리 모두가 이번 주에 자기를 그리스도께 인도한 사람에게 감사의 편지를 써보낸다면 우리는 한 공동체로서 어떤 큰 기쁨을 일으킬 수 있을지 상상해보시기 바랍니다."

일단 이 네 질문에 대한 대답을 마치면 더 이상 설교 준비가 막힌 것이 아니라 활력이 넘치게 된다. 처음 두 질문은 나를 본문으로 인도하고, 나중의 두 질문은 결승선으로 인도한다. 그러나 내가 항상 제기하는 마지막 질문이 남아 있다. 이것은 사실 막혔을 때 사용하는 전략 가운데 하나는 아니지만, 준비 과정의 하나다. 그래서 여기에 소개한다. 다섯 번째이자 마지막 질문이다.

5. 청중들이 보다 잘 기억할 수 있게 하려면 나는 어떻게 해야 하는가?

청중들이 내가 전한 핵심이나 적용을 기억할 수 있게 하려면 나는 무엇을 해야 하는가? 앞에서 언급한 회계장부가 이 질문에 대한 하나의 대답이다. 우리는 연속 설교를 할 때면 거의 매번 암송 구절이 기록된 카드를 나누어준다. 전에 요나에 관한 연속 설교를 마쳤을 때 나는 모든 사람에게 꽃을 나누어주고 그 꽃을 자신의 삶 가운데 사람의 영혼보다 더 중요하다고 여겨지는 것과 연계시켜보라고 요청했다. 그런 다음 그 꽃이 천천히 시드는 것을 바라볼 수 있는 곳에 두라고 말했다. 그것이 기억을 돕는 하나의 방법이었다.

우리는 냉장고에 붙이는 자석, 도넛, 그림, 회화용 붓, 컴퍼스, 스티커, CD, 책, 구슬이 들어 있는 병, 물병 그리고 현금까지 사람들에게 나누어주었다. 그렇다고 매주 그렇게 하는 것은 아니다. 다시 말하지만 내가 이 질문에 항상 좋은 대답을 얻는 것은 아니다. 그러나 항상 그 질문을 제기한다. 그리고 가끔씩 매우 커다란 효과를 주는 답이 떠오른다.

그 질문들을 다시 한 번 살펴보자.

1. 청중들은 무엇을 알아야 하는가? — 정보

2. 왜 청중들이 그것을 알아야 하는가? — 동기 부여

3. 청중들은 무엇을 해야 하는가? — 적용

4. 왜 청중들은 그것을 해야 하는가? — 깨달음

5. 청중들이 보다 잘 기억할 수 있게 하려면 나는 어떻게 해야 하는가? — 반복

한 가지 제안이 있다. 이 질문들을 복사해서 당신의 서재에 붙여놓으라. 설교 준비가 막히면 첫 번째 질문부터 물어보라. 준비를 마쳤으면 처음 네 가지 질문에 대한 답을 구했는지 확인하라. 만일 답을 구했으면 그 답을 하나로 엮어 마지막 질문을 고찰하라.

누구나 막히기 마련이다. 때때로 그렇게 막히는 것은 설교를 구성하는 우리의 능력과 상관없는 경우도 있다. 그렇기 때문에 우리는 하던 일을 멈추고 기도해야 하는 것이다. 때때로 정보 가운데 길을 잃기도 한다. 그래서 앞으로 나아가게 하고, 하나님이 우리에게 맡겨주신 사람들에게 반드시 알려주어야 하는 한 가지를 발견할 때까지 계속 전진하게 만드는 몇 가지 질문들이 필요한 것이다.

- 설교 준비를 마쳐야 한다는 중압감 때문에 청중들에게 신선한 것을 전해주려는 당신의 열정을 무산시키지 말라.

- 설교 준비가 막히면 기도하라!

- 막히면 처음으로 되돌아가라 : 청중들은 무엇을 알아야 하는가? 왜 청중들이 그것을 알아야 하는가? 청중들은 무엇을 해야 하는가? 왜 청중들은 그것을 해야 하는가? 청중들이 보다 잘 기억할 수 있게 하려면 나는 어떻게 해야 하는가?

나오는 글

커뮤니케이션과 관련된 책을 쓰는 일은 피아노를 연주하는 법에 관련된 책을 쓰는 것과 비슷한 점이 있다. 그런 일에는 한계가 있다. 우리는 당신이 이 책에서 즉시 적용하기 시작할 수 있는 무언가를 발견하기를 희망한다. 그리고 아마도 머지 않은 장래에 당신은 하나의 핵심을 가진 메시지 one point message 를 개발하고 전달하는 일을 시도해볼 것이다. 이 방법을 통해 여러 가지 핵심을 가진 설교는 저만치 사라지고 하나의 목적지를 향해 나아가게 될 것이다. 서론은 당신이 풀려고 하는 긴장을 제기하거나, 대답해주려고 하는 질문을 제기할 것이다. 적용은 단순히 메시지의 마지막 자리를 차지하고 있는 한 부분이 아니라 메시지를 이끌어가는 원동력이 될 것이다. 내 경험에 의하면 이 방법이 성경을 전달하는 데 훨씬 더 쉽고 효과적인 방법이다.

교회는 당신의 목소리와 당신의 깨달음을 필요로 한다. 이는 당신이 속한 공동체와 세상도 마찬가지다. 그렇기 때문에 설교자로서 성장하고 개발해나가는 일을 멈추지 말라. 무엇이 효과적인지, 당신과 맞는 방법은 무엇인지 찾아보라. 그리고 하나님의 말씀을 전달할 기회가 주어질 때마다 변화를 위한 커뮤니케이션을 시도하라.

당신은 언제 설교 준비를 하는가?

수요일 전체와 목요일 반나절이다. 그리고 토요일 저녁에 메시지를 훑어보고 내 것으로 삼는다.

준비는 어디에서 하는가?

주중에는 사무실에서 하고 토요일 밤에는 집에서 한다.

평소에는 어떻게 지내는가?

일 년에 평균 36주 정도 설교한다. 업무가 없는 주에도 대부분 설교 준비는 계속한다. 내 생각에 누군가에게 당신을 대신해 두 주 정도 설교하게 하고 그 시간을 자기 성장에 사용하는 것이 좋다고 본다. 그럼 기분이 좋아진다. 스태프들은 그것을 좋아할 것이다.

단 위에 오를 때 가지고 가는 것은 무엇인가?

인쇄된 성경 구절이 들어 있는 성경책이다. 그리고 정확하게 전달할 수 있도록 보통 한두 개 정도의 노트 카드를 준비한다.

설교 시간은 어느 정도 되나?

40분 정도다.

연속 설교를 할 경우 보통 몇 주간 계속하나?

넉 주에서 여섯 주 정도다.

예배를 위한 창조적인 계획에 동참하는가?

그렇다. 아주 많이. 나는 매주일 예배를 계획하고 평가하기 위해 두 개의 모임에 참석한다. 거기에 '내용 미팅 content meeting'이라고 부르는 분기별 모임도 갖는다. 그 모임에서는 임의로 스태프들을 모아 하나의 주제를 짜내게 한다. 그리고 우리 예배 프로그램 분과 담당인 줄리 아놀드 Julie Arnold가 연속 설교를 위한 창조적 주제에 살을 붙이는 팀 미팅을 인도한다.

계획은 어느 정도까지 미리 하는가?

이론적으로는 일 년 전체를 한다. 구체적인 연속물일 경우 석 달 전에 계획한다. 모든 연속물에 똑같은 힘을 싣지는 않는다. 일 년에 세 가지 정도 큰 연속 설교를 하고, 그 사이사이에 규모가 작은 연속 설교를 한다.

설교를 재탕한 적이 있는가?

연속 설교에서 하나의 메시지를 새롭게 구성하여 다른 연속 설교 가운데 사용하는 일은 자주 하려고 한다. 연속 설교 전체를 처음 설교한 그대로 다시 사용하는 경우는 없다.

최고의 설교자를 만드는
설교코칭

1쇄 발행 2006년 3월 10일
5쇄 발행 2023년 7월 25일

지은이 앤디 스탠리
옮긴이 김창동
펴낸이 고종율

펴낸곳 주)도서출판 디모데〈파이디온선교회 출판 사역 기관〉
등록 2005년 6월 16일 제 319-2005-24호
주소 서울특별시 서초구 서초대로 141-25(방배동, 세일빌딩)
전화 마케팅실 070) 4018-4141
팩스 마케팅실 02) 6919-2381
홈페이지 www.timothybook.com

ISBN 978-89-388-1343-5

나(ME) ─ 우리(WE) ─ 하나님(GOD) ─ 당신(YOU) ─ 우리(WE)

1. 청중들은 무엇을 알아야 하는가? 정보

2. 왜 청중들이 그것을 알아야 하는가? 동기 부여

3. 청중들은 무엇을 해야 하는가? 적용

4. 왜 청중들은 그것을 해야 하는가? 깨달음

5. 청중들이 보다 잘 기억할 수 있게 하려면 나는 어떻게 해야 하는가? 반복